信 睿

Hyperkulturalität
Kultur und Globalisierung

Byung-Chul Han

超文化

文化与全球化

[德]韩炳哲 著
关玉红 译 毛竹 校

中信出版集团|北京

图书在版编目（CIP）数据

超文化：文化与全球化/（德）韩炳哲著；关玉红译. -- 北京：中信出版社，2023.1
ISBN 978-7-5217-4866-6

I.①超… II.①韩…②关… III.①文化哲学－研究 IV.① G02

中国版本图书馆 CIP 数据核字（2022）第 196951 号

Hyperkulturalität: Kultur und Globalisierung by Byung-Chul Han
© 2005 Merve Verlag Berlin
Simplified Chinese translation copyright © 2023 by CITIC Press Corporation
ALL RIGHTS RESERVED
本书仅限中国大陆地区发行销售

超文化——文化与全球化
著者：[德]韩炳哲
译者：关玉红
校者：毛竹
出版发行：中信出版集团股份有限公司
（北京市朝阳区惠新东街甲4号富盛大厦2座 邮编 100029）
承印者： 嘉业印刷（天津）有限公司

开本：787mm×1092mm 1/32　　印张：4　　字数：68千字
版次：2023年1月第1版　　　　印次：2023年1月第1次印刷
京权图字：01-2022-6148　　　　书号：ISBN 978-7-5217-4866-6
定价：58.00元

版权所有·侵权必究
如有印刷、装订问题，本公司负责调换。
服务热线：400-600-8099
投稿邮箱：author@citicpub.com

然而，人们面对新事物的恐惧却往往如面对虚空一样大，即使新事物是对虚空的克服。大众只看到无意义的"无序"，然而，"有序"却正在此"无序"的角逐中产生。旧的法消亡了，与之一同消亡的是传统尺度、规则和关系的整个体系。但随之而来的却不仅仅是无度和与法敌对的虚无，在新旧势力的激烈斗争中出现了公正的尺度和合理的体系。

众神尚在此处统治万物，
　伟大乃是他们的尺度。（引自荷尔德林）

　　　　　　　　　　　　　　　　　　——卡尔·施米特

本书书名 *Hyperkulturalität* 直译应为"超文化性"。

目 录

穿夏威夷衫的游客 　　　1

文化为家 　　3

超文本和超文化 　　9

联网的爱欲 　　15

融合食物 　　19

杂交文化 　　23

文化的连字符化 　　31

比照的时代 　　37

文化的去光晕化 　　41

朝圣者与旅行者　　47

窗口与单子　　53

奥德拉岱克　　57

超文化身份　　61

文化间性、多元文化性和跨文化性　　65

据为己有　　71

论长期和平　　75

友善的文化　　81

超日志　　87

漫游者　　91

门　槛　　93

注　释　　*101*

附录　韩炳哲著作年谱　　*114*

穿夏威夷衫的游客
Tourist im Hawaiihemd

今天你想去哪儿?

——微软广告

英国民族学家奈吉尔·巴利(Nigel Barley)曾猜想,"能真正打开未来之门的钥匙"在于"文化之类的基本概念不复存在"。巴利认为,我们"在某种程度上都是身穿夏威夷衫的游客"[1]。当文化概念消失后,新人类能被称为"游客"吗?还是我们终于得以生活在一种给我们自由、让我们以快乐游客的身份奔向大千世界的文化之中?我们又该如何描述这种新文化呢?

文化为家

Kultur als Heimat

我们的历史性此在经历着越来越多的困境，也越来越清楚地表明，此在的未来只有非此即彼两种可能：欧洲获得拯救，或者遭到毁灭。拯救欧洲需同时做两件事：

1. 保持欧洲民族对亚洲民族的领先地位。
2. 克服自身的无根性和分崩离析状态。

——马丁·海德格尔

黑格尔在《世界史哲学讲演录》中谈到希腊文化起源时说："我们刚刚谈到陌生性（Fremdartigkeit，又译'陌异性'）是希腊精神的要素之一。众所周知，文化的起源与陌生者来到希腊有关。"[2]因此，"陌生者的到来"对希腊文化的形成起到了构成性作用。希腊人在他们的神话中"心怀感激地"保留了"陌生者的到来"这一要素,比如普罗米修斯来自高加索地区。希腊民族本身即由"合流"(colluvies)发展而来,而这个单词原指泥巴、垃圾、杂碎等。

黑格尔曾说:"把美的、真正自由的生命,想象成产生于基于血缘和友善的两性的自然发展,既肤浅又愚蠢。"[3] 对美与自由的形成更为重要的其实是"自身陌生性"(Fremdartigkeit in sich selbst),精神亦从其中汲取得以成为精神的力量。然而,单凭自身陌生性无法造就"美与自由的希腊精神",为此还必须完成对自身陌生性的克服。这一过程并非全然的否定,原因在于自身陌生性本身就是构成"希腊精神的要素"之一。如此看来,陌生者的在场性(Anwesenheit)对于自我的形成十分必要。

很显然,在描述希腊世界的历史起源时,黑格尔着重思考了陌生者和自身陌生性的构成性作用。然而,对于欧洲文化认同问题,他却换了一种语气。在这一问题上,黑格尔强调希腊是欧洲文化的家园(Heimat)。诚然,欧洲的宗教起源于东方,而欧洲人用来满足精神生活的一切却都取自希腊:"一提到希腊这个名字,在有教养的欧洲人心中,尤其在我们德国人心中,自然会有种家园之感。"[4] 此时，自身陌生性不再被谈及，陌生者被降级为质料（Materie）。而在之前，陌生还是一种精神要素，是形式（Form）。欧洲人"找到家"后，将那些"历史的""外来者倾注的"林林总总通通抛弃。这种"归家"是幸福的："正如日常生活中与欣然于家、知足于内的亲人在一起的人们，安于原地、不再外出，希腊人便是如此。"[5] 这里所说的幸福，是一种在家人、家乡和家宅中出现的现象，它源自"安于原地、不再外出"，亦即"居处"（Ort），而居处或与精神同义。

通过系谱学—历史学可以得知，希腊文化的形成基于陌生者的到来与自身陌生性，黑格尔对家的强调因而令人诧异。"史实"（das Historische）与"史观"（das Geschichtliche）明显不一致，后者创造了"自我"和具有强调意义的"居处"。导致心智萎缩的血缘或友善不再被提起。相反，黑格尔对家宅、家人和家乡加以肯定，指出要"欣然于家、知足于内"。关于欧洲文化，黑格尔眼中的精神，显然抛弃了曾经赋予精神得以成为精神所需之力量的自身陌生性。把欧洲文化从"安于原地、不再外出"的幸福中拉扯出来的陌生文化和"陌生者的到来"不复存在。欧洲文化因此产生了一种自足性（Selbstgenügsamkeit）：它对自身很满意，不受自身陌生性的困扰。然而，根据黑格尔自己的理论，欧洲文化的这种自足终将导致致命的僵化。

赫尔德（Herder）在《人类历史哲学的观念》(*Ideen zur Philosophie der Geschichte der Menschheit*)中也说："北欧、东欧和西欧的整个文化"是"罗马—希腊—阿拉伯的种子长成的植物"[6]。可以说，欧洲文化并不"纯粹"，而是一个"杂种"。虽然赫尔德没有进一步推出一套文化理论，将这种"非纯粹性"明确升华为文化的构成性要素，但他至少形成了一种文化思维，即将各种文化进行价值对比的做法值得商榷。赫尔德在《关于人类教育的另一种历史哲学》(*Auch eine Philosophie der Geschichte zur Bildung der Menschheit*)中说："善以千种形态散落在这世间。"[7]

任何对比都会令人不快。然而，每种文化都倾向于将其相对的视角绝对化。因此，它无法超越本体，超越自我，它以蔑视和厌恶的态度对待成为疾病的陌生者。[8]但恰恰是这种盲目让文化得以感受到幸福，换言之，盲目性是自我认知幸福与否的前提。民族幸福感的产生过程是：灵魂忘却了自身固有的多样性，并将局部升格为整体。赫尔德说，它用几个被唤醒的音符打造音乐会，沉睡的音符则不被感知，虽然低沉，高声奏唱却离不开其支持。归根结底，灵魂的幸福归功于耳聋。

今天，人们是否正在趋近一种丧失了"让人能感受幸福的聋盲性"的文化，一种借助声音传达、突破超文化音域空间、不受居处限制、音符鳞次栉比的文化？并存、同步或亦此亦彼（Sowohl-als-auch）的超文化情态改变了幸福的拓扑结构。

那些身穿夏威夷衫的游客也许不了解什么是民族幸福感和"灵魂的幸福奏唱"。他们所拥有的是一种完全不同的幸福，一种源自去实事化（Defaktifizierung），亦即扬弃与此处（Hier）、与居处的联系而感受到的幸福。外物在他们眼中不是"疾病"，而是必须融入的"新事物"。他们所居住的世界正在去边界化，成为一个文化的超卖场（Hypermarkt），一个充满可能性的超空间（Hyperraum）。相比于那些以国家或家乡为固定居所的灵魂，他们会觉得不那么幸福吗？他们的生活方式和其他人相比不那么值得被向往吗？他们难道不会因为"抛离"而倍感自由吗？穿着夏威夷衫的游客是自由人（*homo liber*）这种未来的幸福形象吗？还是说，幸福终究是一种有边界、有定所的现象？会出现一个原住民、隐修士、苦行僧或地方原教旨主义者的新时代吗？

超文本和超文化
Hypertext und Hyperkultur

作为超文本的创造者,泰德·尼尔森(Ted Nelson)不认为它将被局限于数字文本层面。世界本身就像超文本。超文本性是"事物的真正结构"[9],用尼尔森的一句名言来说就是"一切都紧密交缠"[10]。换言之,世间万物都彼此缠结联系,没有孤立的存在。尼尔森进一步认为:"从某种意义上来说,主体压根儿不存在。"[11]

无论身体还是思想,都不会遵循线性模式:"遗憾的是,数千年来,我们对序列关注过多……思维结构从来不是按序排列的;实际上,我们的思维过程也不是依次进行的。"[12] 思维结构是一个"交织的思维系统(我喜欢称之为缠绕团,structangle)"[13]。Tangle 指纠缠、打结。现实网络结构尽管错综复杂,却不同于混沌,它是具有一定结构性的缠结（struc-tangle）。线性层级结构抑或封闭不变的识别方式都是强加的结果："层级结构和顺序结构通常是人为强加的……"[14] 超文本则承诺不接受任何强加。尼尔森面前呈现的是一个超文本的宇宙，一个没有中心的网络，一种"可以举行集体婚礼的地方"："真正的梦想是让一切尽在超文本中。"[15]

尼尔森将自己的超文本系统称为"上都"（Xanadu，音译"仙那度"）。上都是亚洲一个具有传奇色彩的地方，在那里，强大的统治者忽必烈命人在一个绚丽的花园中建造了一座宏伟的行宫。英国诗人塞缪尔·泰勒·柯勒律治（Samuel Taylor Coleridge）在他未完成的诗歌《忽必烈汗》中赞美了这个传奇的地方。尼尔森一定曾被柯勒律治的梦中幻境吸引，并根据他的梦境片段创作了《梦想机器》。[16] 他的超文本，他的"上都"，也因而如梦如幻。

尼尔森还为自己的上都宫殿绘制了草图。在名为"上都台"的巨大城堡式建筑入口前，矗立着一个超大的 X 标志。这一金色 X 标志立放于每一家上都授权门店前，如同麦当劳的金色 M 一样。进入门店的用户被称为"旅行者"，他们想在此消除饥饿感，金色 X 的寓意即为"欢迎心灵饥饿的旅行者"[17]。饥肠辘辘的旅行者在知识和信息的超卖场里受到了超欢迎（Hyperwelcome）。

交织性（intertwingularity）或结构性缠结也是当今文化的特点。文化正在逐渐失去类似于传统文本或书籍的结构。任何历史、神学、目的论都已不再将文化视作有机同质体。印有文化本真性（Authentizität）或源始性（Ursprünglichkeit）表象的边界或围墙正在消失。文化仿佛从每一个接缝（Naht）中迸发出来，冲破了所有的界限或缝隙（Fuge）。它被去除了边界，去除了限制，去除了接缝，变为一种"超文化"[18]。不是边界，而是链接和联网组建了文化的超空间。

因新技术而加速的全球化进程，正在"去远"（entfernen）文化空间。由此产生的"切近"（Nähe）创造了丰富的文化生活实践和表达形式。全球化进程起到了积累和集聚的作用，异质的文化内容簇拥到一起。不同文化空间相互叠加，相互渗透。时间同样失去边界。簇拥起来的林林总总，不仅让不同地域，也让不同时段失去了遥远性。更准确地反映当今文化之空间性的，不是感知上的跨（Trans-）、间（Inter-）、多（Multi-），而是超（Hyper-）。文化发生了内爆，也就是说，文化被去除了遥远性，成为超文化。

从某种意义上说，超文化意味着更多的文化。文化通过去除自然性，摆脱其血缘和土壤，即其生物或人族代码的束缚，成为真正的文化，也就是超文化。去除自然性的做法加剧了"文化化"（Kulturalisierung）。如果居处构成了文化的实事性（Faktizität），那么"超文化化"（Hyperkulturalisierung）就意味着文化的去实事化（Defaktifizierung）。

超文化是否会像柯勒律治的上都一样，只是一个转瞬即逝的表象，一个梦中幻象？忽必烈的避暑行宫建在那片无尽动荡、波澜四起的大地上。流经这世外桃源的圣河阿尔浮，以迅雷不及掩耳之势涌入黑暗大海：

忽必烈大汗驾临上都，修起富丽的逍遥宫：那儿有圣河阿尔浮，流经深不可测的岩洞，注入不见太阳的海中。

从河水的咆哮中，忽必烈听到了祖先的声音。他们预言了战争：

忽必烈汗远远谛听，在骚动中，听到祖先的声音在预言战争！

是"文明之战"吗？没有中心、没有神祇、没有居处的超文化将继续遭到抵抗，并让很多人经受失去的痛苦。文化的再神学化、再神话化和再国家化是反对世界性超文化化的常用语。鉴于此，超文化的去居处化还会遭遇地方原教旨主义。预言灾祸的"祖先的声音"会是真的吗？或者只是很快就会消逝的亡魂之音？

联网的爱欲
Eros der Vernetzung

威廉·弗卢塞尔（Vilém Flusser）在其生前未完成的作品《关于时间的思考》（"Die Zeit bedenken"）[19]中思考了信息社会的时间形式，即图像时间、书籍时间和比特时间；换用几何术语表达，就是面时间、线时间和点时间。图像时间属于神话时间。秩序一目了然。事物都有其不变的位置，一旦偏离即被校正。书籍时间属于历史时间，具有历史线性，是一条源自过去、注入未来的河流，每个事件都指向进步或衰退。然而今天的时间，神话的视域和历史的视域皆无，不具有包罗万象的意义视域，遭受去神学化或去目的论化后，便是一个原子化的"比特宇宙"（Bit-universum），或称"马赛克宇宙"（Mosaikuniversum）。在这一宇宙中，神话或历史视域之外的可能性（Möglichkeit）像点一样"疾驰而过",或如颗粒一般"纷扬飘落"并"触手可及":"这些可能性向我扑面而来——它们就是未来。我目光所及,皆是未来。……换句话说,我就是一个洞,但不是被动静止的,而是像旋涡一样将周遭的可能性吸进洞中。"在这个点宇宙中,没有限制可能性的图像和书籍。相反,此在被自由漂浮的可能性所包围。因此,点宇宙让我们拥有更多自由,未来"就在我转身的地方"。

弗卢塞尔继续思考并认为,当"我"把他人纳入"我的时间",即"认可"和"爱"他人时,可能性会得到拓展:"……我在这个世界上并不孤单,因为还有他人陪伴周围……我通过分享自己的未来,从而拥有了他人的未来。"弗卢塞尔或许也想把联网解释为一种爱和认可的实践。联网创造了一个可能性的超空间,进而使未来得以扩展。超文化宇宙中的此在不会有畏惧(Angst)和孤立之感,爱欲与联网才是它的基本特征。

无论出于爱欲还是完全不同的人性偏好,世界的逐渐网络化都产生了丰富的,甚至是过于丰富的关系和可能性。饱和的可能性空间,即充满可能性的超空间,冲破了实事性的堤岸。用海德格尔的话来说,实事性将"筹划"(Entwurf),

即选择的自由，局限在"继承而来的可能性"之内[20]："决断，让此在回归，从自身因被抛（als geworfene）而得以继承的遗业中，——揭蔽出本真生存中的实事可能性。"[21]被抛状态当然不是现今生存形式的标志，与之更相符的是"筹划状态"（Entworfenheit）。可能性过剩，使"此在的筹划"（Daseinentwurf）突破了继承和流传的视域，呈现去实事化的趋势，从而带来更多自由。此在经由去实事化成为自由人。微软著名的标语"今天你想去哪儿"揭示了此中奥秘——此在因去实事化而成了丧失继承性的超文化旅行者。去实事化就是现今文化的特点，它消除了此在的被抛状态，带来了自由的增殖。

超文化旅行者是经过去实事化的此在的另一名称。他不必亲身上路就能成为一名旅行者。他在自我处（bei sich selbst）即可身居异地，或踏上行程。这不是说一个人作为旅行者离开家，以便之后作为当地人回到自我处。超文化旅行者在自我处已然是一名旅行者。他在此处即已在彼处，而他最终到达的却是无处（Nirgends）。

早在《存在与时间》中，海德格尔就确信，每一个通过媒介进行的交联均将敉平差异，并造成常人（Man）的专政。他在《存在与时间》中说:"在使用公共交通工具及利用消息手段(报纸)方面,任何人都与其他人无异。这种相互同在(Miteinandersein)把本己的此在完全消解在他人的存在方式中,头角峥嵘的他人随之逐渐消失。"[22] 媒体使生活形式和可能性变得多样化,这对海德格尔来说是陌生的。即便如此,他也不想用此在筹划的多样性来反对常人的千篇一律,因为他对多样性同样深感不安。他召唤天命共同体中的"我们"来应对五彩缤纷的拼贴社会(Collage-Gesellschaft)。海德格尔的栖居(Wohnen)和居处哲学,是此在再实事化(de-faktifizieren)的最终尝试。

融合食物
Fusion Food

全球化是一个复杂的过程,并不是简单地让符号、表象、图像、香料、气味的多样性消失。建立统一性或单一性,既不是自然界的特征,也不是文化的特征。相反,产生差异才是进化经济的应有之义,这同样适用于文化的进化。全球化是方言存续的进程,并促进方言的产生。

以物种保护为导向的文化多样性观念存在问题,因为这只能通过人工围栏得以实现。博物馆或民族学理论的叠加或许是徒劳的。文化交流过程之鲜活,既在于文化的传播,也在于文化的消失。超文化不是超维度的单一文化。相反,通过全球联网与去实事性,超文化提供了丰富的生活形式和生活方式。它们不断变化、拓展和更新,过去时代的生活形式也以去历史化的超文化模式加入其中。在这种空间和时间都不再有边界的情况下,超文化终结了强调意义上的"历史"。

"麦当劳文化"或"可口可乐文化"等流行语,并不能准确反映文化的实际动态。麦当劳是改换名称从而更具象征意义的事物投射出的映像,这种映像掩盖了实际情况。世界上的中餐馆可能比麦当劳连锁店还多;在巴黎,人们吃寿司可能比汉堡包还多。西方现代餐饮也经常引入亚洲美食元素。在亚洲,麦当劳充其量只是当地美食的一种调剂,就连供应的餐食也必须适应相应国家的饮食习惯。来自美国的不只麦当劳,还有融合食物或融合料理。这是一种混合菜肴,应用了超文化下的多种香料、食材和烹饪形式。这种超料理(Hypercuisine)并没有削弱饮食文化的多样性,不会盲目地把所有东西都"一锅炖",相反,它要依靠差异,并创新形式。由此,超料理创造了一种多样性,一种在一味保持地方菜肴纯正性的情况下无法产生的多样性。因此,全球化和多样性并不相互排斥。

乔治·瑞泽尔(George Ritzer)在《社会的麦当劳化》(*Die McDonaldisierung der Gesellschaft*)中将麦当劳抬举为世界合理化的密码。[23] 也许,世界上许多生活领域都被效率、可计算性或可预测性等合理化命令控制。然而，这些合理化命令无法消除世界上各种各样的口味，或者说无法消除香料和气味的多样性。全球化不等同于合理化。出于对多样性的恐惧，柏拉图曾谴责香料的使用和西西里岛食物的多样性。但是，文化不会遵循逻辑，它比人们认为的更加不可计算、不合逻辑。强制统一和认同不会成为全球化的推进力量。超文化性（Hyperkulturalität）正展现出倍增效应（vervielfältigend）。

任何饮食的再本地化（Re-Lokalisierung）可能都无法摆脱超料理。口味的超卖场使其自我失去了居处，这就是自我在超文化模式下显现的状态："简而言之，一种非传统主义的地方复兴正在发生……用巴伐利亚式的讽刺方式来说就是——说起（白）香肠，指的是夏威夷风白肠。"[24]

至少就食物而言，不会存在文化的统一化。味觉运转的机制，也就是享受的机制，就在于制造差异。单一性将意味着享受的终结。就消费经济而言，差异的平均化毫无益处。差异和多样是口味超卖场的生存所依。超文化性不仅指各种香料和气味的并存，它还对口味进行去实事化，使其向新事物敞开自我。

融合食物让我们想到的与其说是存在（Sein），不如说是筹划存在（Design）。进一步说，超文化性使存在遭受去实事化而成为筹划存在。生活比以往任何时候都更像是筹划。筹划存在使存在失去了被抛性。海德格尔不断尝试对这个世界，包括气味，进行再实事化，以此反抗世界的超文化性。典型的例子是他在《田间路》("Der Feldweg")中表达的对"橡木的气味"的渴望。

杂交文化
Hybridkultur

关于文化是杂交的或不纯粹的，这种观点并不新鲜。赫尔德认为，正如已经指出的那样，欧洲文化是"从罗马—希腊—阿拉伯的种子长成的"。所以，文化是一个杂种。黑格尔也说，希腊民族的起源归功于"合流"，即"不同民族的融合"，它绝不是纯粹的。黑格尔在谈到希腊文化起源时所说的自身陌生性，表征了最终要被称为"杂交"的文化存续状态。

自身陌生性赋予精神"得以成为精神的力量"。如此看来，精神本身可能就是杂交的。如果没有自身陌生性，精神就不会有任何活力。黑格尔的同一也可以被解读为充满混合差异的同一。黑格尔对同一或有机统一的决断，或许正是源于他对存在的杂交性的深刻洞察。黑格尔无疑是少数接近精神源始维度的思想家之一。精神原指兴奋激动或失魂落魄，与英语中的幽灵（ghost）同义。从词源上看，精神更多指向"离—家"（Un-heim-lichkeit），而非安宁的"居—家"（Bei-sich-zu-Hause-sein）。幽灵本身就是一种杂交的形象，它一半是活的，一半是死的。

在多元文化主义的讨论中，杂交性被提升为一种形成文化的力量，它带来了新的（混合）形式："由传统线条（Traditionslinie）或能指链的混合，或将不同的话语和技术相结合，以及通过拼贴、采样、手工制作等技术所产生的一切都是杂交的。"[25]

霍米·巴巴（Homi K. Bhabha）的杂交性概念对文化本身的纯粹性或源始性提出了质疑。霍米·巴巴认为，没有一种文化是固定不变并且可以作为阐释学对象的存在。杂交性中突显出的"间隙通道"（zwischenräumlicher Übergang/interstitial passage）[26]产生了同一性，即受差异性影响而产生的自我文化形象。作为通道的边界，其作用不在于隔离或者排斥，而在于创造。边界作为居间—空间（Zwischen-Raum）一次次重新定义差异，相应地也重新定义同一。霍米·巴巴还使用了"楼梯间"的隐喻："楼梯间里的来来往往创造了时间上的移动通道,防止了位于楼梯两端的同一性陷入原生极性。"[27]

为了阐明间隙通道,霍米·巴巴提到了海德格尔的"桥"。他引用了海德格尔《筑·居·思》中的话:"桥永远且永远不同地往来伴送着或踟蹰徘徊或匆忙赶路的人们,使他们到达对岸……桥汇聚成为飞架的通道。"[28]他对海德格尔的引用是零散的,而且歪曲了原意。海德格尔在书中的原话是:"桥永远且永远不同地往来伴送着或踟蹰徘徊或匆忙赶路的人们,使他们到达对岸,并作为有死者最终走向彼岸。桥以时高时低的弧度飞越河流和峡谷。不论有死者是否记得桥面的起伏飞越,终究已经走在通往最后一座桥的途中,他们从根本上追求的就是爬出庸常与不幸,从而把自己带到神圣者面前获得拯救。桥汇聚成为飞向神圣者的通道。"[29]霍米·巴巴说对了一点,海德格尔的桥的确是间隙通道,有了桥,才有了两岸,即此岸和彼岸(Hier und Dort):"桥轻盈而有力地飞架于河流之上,连接起的不只是既存的河岸。只有在桥的通道里,岸方得为岸,是桥让岸相对而立。"桥是意象化的思维形象,寓意建立关系(Bezogene)在一定程度上以相互联系(Bezug)为前提。对海德格尔来说，相互联系不是已被明确划定的存在（Wesenheit）之间静态的、抽象的关系。相反，是相互联系诱发了关系。同理，发生差异才会产生同一，差异并非同一的后续效应。正如海德格尔所强调的，桥不是简单地被建在一个既存的位置（Ort），而是让位置得以产生，它制造了空间，集聚了事物。在这个意义上，桥是一个"先行的盖壳"（vorgängiger Überwurf）[30]，空间在其中产生。正如霍米·巴巴正确援引的那样，对海德格尔来说，边界"不是停下的地方"，而是"存在开始的地方"。

然而，海德格尔的桥或边界的形象，并不适合用来阐明文化或世界的杂交性。海德格尔认为，此与彼、内与外、我与他均处于一种辩证的、交互的对立之中。定义海德格尔世界的严格对称性，消除了产生不对称构成物的杂交性。对海德格尔来说，辩证法没有中间状态，即不存在"和解"形式的辩证法，无法接受交叉和混杂。各种声音相互渗透、相互混合、相互叠加的纷纭杂乱对海德格尔来说是陌生的。海德格尔的桥因其"辩证的弧度"而过于狭窄，它不是事物可以抛却辩证而彼此相遇、相互反映和混合的宽阔的十字路口、广场，更不是马戏团。[31] 霍米·巴巴提到的楼梯间也很狭窄，因为它所允许的"来来往往"只是"上上下下"而已。

海德格尔的桥具有集聚性，是表达集聚和集合的形象。构成杂交性的"涣散"（Zerstreuung）不会在此与彼相互转换的对立中发生。如果声学上的杂交体被称为杂音，那么海德格尔的世界可能是静音的。另外，海德格尔的桥把所有的路都集聚引向神圣者，而霍米·巴巴在引用海德格尔的话时显然忽略了这一点。神圣的彼岸超度了有死者庸常的、也许充满不幸的"往来"。对海德格尔来说，这种人性的"往来"是涣散的，被引聚到"神圣者的拯救"中时似乎才能停下脚步。海德格尔的桥最终是一个神学形象。恰恰是他对世界的神学化阻碍了世界的杂交化，同时也大大降低了世界的多样性，神学化因此具有去杂交化（ent-hybridisierend）的作用。海德格尔的"物"也不是杂交的。不要忘记，海德格尔一直都是关于"本己性""本真性""源始"和"实体"的哲学家。

霍米·巴巴的思考方式还是过于辩证了。辩证法并非简单地意味着矛盾与和解。具有辩证性的，首先是差异之间具有互转性的对立。恰恰是这种具有辩证性，换言之，具有转化性或斗争性的对立，排除了多样性中的游戏形式。霍米·巴巴将边界空间化，使其成为间隙空间。若间隙空间受到转化性的支配，那么它也是辩证的。因此，霍米·巴巴在很大程度上还是陷入了殖民者和被殖民者、统治者和被统治者、主人和仆人之间的斗争—辩证对立之中。

霍米·巴巴提出的杂交性主要是指自我中已然存在着的他者的陌生声音。[32]这种建构肇始于一种只顾与自身相同的纯粹的同一性，用赫尔德的话说，始于对他者声音的麻木或拒绝。霍米·巴巴的杂交性与这种作为权力现象的纯粹性和源始性建构进行抗争，让他者的声音被听到，从而颠覆占统治地位的权力关系。杂交性"逆转了殖民否认的影响，其他被否定的知识开始出现在主流话语中，消解了权威的基础"[33]。可以说，霍米·巴巴的杂交性包含了一种颠覆既成统治秩序的力量。

然而，因为概念史的原因，杂交性被过于紧密地同涉及权力、统治、压迫和反抗的种族主义和殖民主义情结捆绑在一起，被束缚于几何学上的中心与边缘、顶部与底部。[34]因此，杂交性没有抓住不受情结所累、完全脱离主仆辩证的间隙空间的游戏性。超文化当然不是一个无权力的空间，但超文化构成的世界的特殊之处在于，向审美而不是权力经济敞开大门的空间在增加。这里的空间与席勒针对"力的王国"（Reich der Kräfte）和"法的王国"（Reich der Gesetze）提出的"游戏和显象的王国"（Reich des Spiels und des Scheins）具有共性："在力的恐怖王国和法的神圣王国之中，美的创造力不知不觉地建立起第三个王国，即游戏和显象的王国，在其中给人卸去一切关系的枷锁，使人摆脱被称为物质强制以及道德强制的一切。"[35]这种不同于权力王国的游戏和显象的王国将提供更多自由，按照席勒的说法，它的基本法则是"通过自由给予自由"。因此，居住在这个王国里的将是自由和快乐的人（homines liberi et hilari）。

文化的连字符化

Hyphenisierung der Kultur

开发一个能够把握当今文化动态的概念模型,是文化哲学的一项紧迫任务。霍米·巴巴的间隙空间虽然在一定程度上淡化了文化的本质主义观念,但还是太死板,太辩证,无法描述今天的文化,也就是超文化的过程。

霍米·巴巴认为,文化的同一性不是对给定的文化特征的被动摹画,而是在对抗和冲突的间隙空间中经由协商(Verhandlung)或商定进行的重构。关于协商的概念,霍米·巴巴写道:"当我说协商(negotiation)而非否定(negation)时,是为了传达一种使对抗或冲突因素相结合的构想成为可能的时间性:一种没有目的论或先验历史出现的辩证法……"[36] 霍米·巴巴的间隙空间模型与超文化下的差异并存不同:后者不是非此即彼,而是亦此亦彼;不是矛盾对抗，而是相互趋近。

超文化较霍米·巴巴的杂交文化更为开放、辩证。桥、楼梯抑或协商空间的模型，都无法适用于超文化。德勒兹的根茎模型（Rhizom-Modell）则被证明适用于描述超文化的某些方面。这一模型完全具有文化理论方面的潜力。

根茎表征无中心的多样性，不受制于任何上层秩序："根茎，作为地表下的集束，迥异于直根系和须根系。鳞茎和球根都是根茎，而直根与须根也具有根茎的形态。人们可能会问，植物的种属之别是否就在于有无根茎的形态……根茎上每个点都可以（而且应当）与其他任何点相连。这与树或根完全不同，它们的点和秩序是确定的。"[37]因此，根茎是一个开放的构成物，其异质元素持续相互作用、彼此滑过，处于不断生成的状态。根茎空间不是协商空间，而是转化和混合的空间。根茎的散点，准确说是离散，使文化受到去实质化、去内在化而成为超文化。

德勒兹设计了兰花与黄蜂之间的根茎关系："兰花通过生成一个黄蜂的仿图解域（deterritorialisiert）自身，黄蜂则在仿图之上将自己再辖域化（reterritorialisiert）。另一方面，黄蜂也通过成为兰花生殖器官的一部分使自己解域，又通过运输花粉使兰花再辖域化。"[38] 兰花和黄蜂之间的这种关系看似受"拟态"（Mimikry）规制，实则是"真正的生成，兰花的生成——黄蜂，黄蜂的生成——兰花"。

尽管根茎在地下分散排布，它依然会形成树和根的结构，而侧根或根须也会突然萌发出类似根茎的芽。[39] 超文化作为一种消除内在、根基和居处的文化，从多重角度看都具有根茎式的表现。在亚文化和文化的构成物之间，在边缘和中心之间，在暂时集中和再次离散之间，发生着根茎般的桥跨。这也会促使主导性文化构成物的形成，它与根茎网络中的节点或块茎类似，却又会离散和消解。作为树和根文化的民族文化，却由根茎结构的移位或隐藏而产生。超文化是一种根茎文化，根茎的增生和分散反映了那种既不能被间（Inter，文化间性）也不能被跨（Trans，跨文化性）所囊括的超（Hyper，超文化性）。

根茎没有记忆[40]，它似乎是涣散的。在这个意义上，根茎文化也类似于没有内在性和记忆的超文化。一则关于根茎的植物学描述总结道："根茎最老的部分总是随着顶端的渐渐变细而死亡。因此，即使经过漫长的岁月，它也不会像其他多年生根束一样长到更大的尺寸，它只不过是变成了另一条根束而已。"

作为飞跨的通道，海德格尔以及霍米·巴巴的桥"让河岸相对而立"，迥异于根茎。根茎的中间部位不是互转通道，它躲避或流动得太快，以至于无法"协商"。德勒兹认为，"在事物之间"（Zwischen den Dingen）"并不意味着一种自此至彼、反之亦然的可定位关系"，而是一种"向着一个方向与另一个方向的横向运动"。因此，根茎的"之间"不是"间隙通道"，而是"无头无尾的溪流，它冲刷着两岸，其中间部位流动越发加速"[41]。根茎的"之间"不具有对抗性。

塑造它的，不是对立而是接合，因此，它或许比霍米·巴巴"充满冲突"的间隙空间友善得多。它既没有终极性，也没有排他性："根茎不分首尾，它是……中间的一块，宛如插曲（Intermezzo）。树是承袭，而根茎是结盟，彻头彻尾的结盟。树需要动词'是'（sein），而根茎则在连词'与（Und）……与……与'中寻得关联，这个连词有足够的力量撼动动词'是'并将它连根拔起。"[42]这种根茎式的、非辩证的甚至友善的"与"是值得关注的。根茎的"与的逻辑"产生了"无意指"（asignifikant）的关联，即无关的有关、不同的同步、切近的去远。这种逻辑使文化连字符化[43]，从而成为超文化。[44]即使没有"深层""内在"的语境，这些连字符也会彼此联结，彼此调和。

Hyphe恰好也有菌丝的意思。最初，Hyphe（希腊语：*hyphé*）的意思是织物，有网、网络的意思。菌丝通过聚合形成一个网状的编织体（菌丝体）。菌丝编织体没有中心，没有真正的根，只能匍匐或向上生长（空气菌丝）。在某些条件下，菌丝体也会形成子实体，它没有什么内在，没有固定的位置。超文化从多重角度看是一种菌丝文化。

比照的时代
Zeitalter der Vergleichung

尼采无疑是为数不多的具有远见卓识、能够与未来同频共振的思想家之一。很显然，他已经认识到，上帝之死也开启了刻意设想出的居处的终结，在此之前上帝还是人之居处的上帝。经过去居处的文化促成了不同形式的知识、思想、生活和信仰的并存："这是一个比较的时代，人越不受出身束缚，动机的内驱力就越大，表现在外的躁动、人的混杂流动、追求的复调也相应越强。现在还有谁会认为存在一种必须把自己和子孙系缚在同一居处的强制？还有谁会被紧紧拴住？正如所有艺术风格都会被继承、被效仿那样，道德、习俗和文化的阶层、类型也是如此。这样一个时代的意义在于，人们可以去比照、感受不同的世界观、习俗和文化，这在文化囿于一域的过去是不可能的。同样，所有艺术风格也都以地点和时间为转移。"[45] 尼采还想到一种比较哲学，即进行比照的哲学："我想象未来的思想家，在他们身上，欧美人的躁动与亚洲人代代传承的安静结合在一起：这样的结合使世界之谜得以解开。那时，处于静观中的自由思想家们将有自己的使命：消除所有阻碍人类融合的障碍——宗教、国家、君主本能、对贫富的臆想、对健康和种族的偏见等等。"[46]

居处的时代正在经历去边界化，成为比照的时代。然而，即将到来的时代，既高于前者也高于后者。"当下，通过对呈现出的众多形式进行比照，美感获得了加持，终极的决断（ent-scheiden，'去—告别'）是：大部分乃至全部的美感消亡，而这些美感本身恰曾排斥其他美感。同样，人们也会对较高德行的形式和风尚做出选择，其目的不外乎使较低德行走向衰亡。这就是比照的时代！它的骄傲在此，痛苦也因而在此。我们不要惧怕这种痛苦！相反，我们要尽己所能地去理解这个时代赋予我们的任务：后世会因此祝福我们，他们能够超越已自成一体的原始民族文化，同样也能够超越比较文化，但他们会心怀感激地回顾这两种文化，如同回顾值得尊敬的古代文物。"

比照的时代不仅仅在不同文化形式的并存中形成，它是一个以价值位阶为导向的筛选时代。较低德行要因较高德行而消亡，在此过程中起决定性作用的只有美感。然而，如何区分低级和高级的形式值得商榷，比如在艺术风格方面。尼采的审美主义（Ästhetizismus）倾向于对文化进行再目的论化、再神学化。

全球化时代真的会是一个将因为更强大、更高级的形式而消亡的比照时代吗？抑或它依旧是一个奉行亦此亦彼、不由筛选经济而由"与的逻辑"主导的多样性时代？假若未来会有更高的道德，它不会以"与"的友善性为基础吗？

文化的去光晕化

Entauratisierung der Kultur

上帝在后《圣经》时代被称为居处。

——彼得·汉德克

也许是无意识的，或者只是前意识的，微软的那句"今天你想去哪儿"（Where do you want to go today?）记录了存在中的剧变。Go 标示着重大的转折和一个特别的此处的终结。Linux 操作系统的口号"明天你想去哪儿"（Where do you want to go tomorrow?）或迪士尼门户网站的广告语"走！你准备走了吗"（"Go" Are you ready to go?）表达的也是与此处的告别，此处赋予存在以光晕的深度，更准确地说是光晕的假象。

本雅明在《机械复制时代的艺术作品》中将自然物

或艺术品的光晕（Aura）归结为"所处之处独一无二的此在"[47]。Aura是光辉，一种在特殊的此时此地散发的光芒，在彼处无法再现。如果这个地方是把一切都聚焦在自己身上的"矛尖"（Spitze des Speers）[48]，那么光晕就是其内在性的表达。

今天的全球化不仅仅是居处之间的交流。无论文化形式从一个居处迁移到另一个居处，还是一个居处的文化影响到另一个居处的文化，都无法形成全球化，而今天的全球化却能改变居处。全球化使居处失去了内在性，消除了赋予居处以灵魂的"尖"。当文化的表现形式在去居处化的过程中脱离本位，并对超文化下的并置和同时性趋之若鹜，此时此地的独一无二性因无处不在的复制而消失，光晕就逐渐消失。全球可复制时代的文化不再是带有光晕的此时此地的文化。然而，居处的去光晕化不能以类似海德格尔文化批评的方式，被单方面地指摘为"深度""源始""实体"或"本真性"乃至存在的丧失。超文化的无居处性可谓存在的另一种印记。深度或源始难道不是表面（Oberfläche，"界面"）的特殊作用吗？[49]

本雅明认为，光晕是一种"距离的独有外观"。光晕的消失是"热情地关注""事物在空间和人性上彼此贴近"所导致的结果。[50] 光晕消失的根源在于通过"去远"进而占有事物的人性渴望。为什么要对这种"切近"加以谴责？面对事物依然停滞在远处的痛苦，光晕难道不是制造不幸意识的美丽假象吗？

去居处化和去远互为条件。居处是去远的结果，去居处化则产生了切近。文化表达形式经过去远而脱离了各自的居处、历史或既有关联，进入并存状态，在超文化的无间隔性和同时性中紧挨在一起。在超文化中，来自不同地点和时期的形式或风格被去远之后，进入超现时（Hyperpräsens）之中。这种超文化的并置抹去了从特别的此处、独一无二的居处，以及特殊的时间和历史中散发出的光晕。如此，全球化去除了文化的光晕，使之成为超文化。

去光晕化也是去实事性，文化得以从地域历史的嵌入性（Eingebettetsein）即被抛性中脱离。经过去实事性后，文化便可以进行不同形式的吸收。经受了去居处、去光晕的文化不是没有任何本真性的简单复制，而是成为另一种存在，另一种即使没有光晕也闪耀着光辉的现实。在提到超文化性时，人们可以称之为超现实性（Hyperrealität）。

位于加州圣西蒙附近的赫斯特上都城堡[1]可以说是一个展览超现实性、无居处性的地方。这里汇集了来自世界各地、各个时期、各种风格和传统的文化财富。赝品与真品鱼龙混杂,假与真的差异消失,超现实作为第三种形式的存在继而形成。赫斯特上都城堡是不是一个博物馆的缩影,一种对超文化的博物馆式预览?奇怪的是,赫斯特的超现实上都与尼尔森的超文本上都十分相似。这两个世界都具有紧密的并置和不同之物的同时性。不同之物或去远之物的切近也是超文化的特点。承诺"更多"(Mehr)是否既是超文化并置的特征,又是超文本或超现实"上都工程"的特征呢?

在《超现实王国之旅》中,翁贝托·艾柯(Umberto Eco)指责赫斯特"抹平过去""风格混杂"[51],认为赫斯特的上都是"打满恐惧留白(Horror vacui)补丁的工艺品"。赫斯特遵从的难道不正是"热情地关注""事物在空间和人性上彼此贴近"吗?超文化性让赫斯特的超现实性,即居处和时间在没有光晕的条件下并存,在一种特殊的光亮中显现。赫斯特的风格混搭和补丁与超文化的"与的逻辑"有

---

[1] 报业大王赫斯特建于加利福尼亚中部圣米湾附近圣卢西亚山顶的奢华城堡,集自然美、建筑美和艺术美(雕塑、绘画)于一体。——译者注(后同)

相似之处。此外,圣西蒙附近的赫斯特上都城堡与加州的包括迪士尼乐园在内的旅游景观很相称。

人们应该为失去光晕、居处、源始和带着光晕的此时此地而深感缅怀吗?还是说,多重损失预示着一个新的、虽无光晕却也能闪耀的此时此地,一个与无处不在(Überallsein)相契合的、超文化的此在(Hiersein)即将出现?迪士尼的"你准备好了吗"或微软的"今天你想去哪儿"难道不是指未来自由人的生存形式,即人因光晕的消失而获得的自由?如果此时此地在彼时彼地也可以重现,这是盈余还是亏损?

朝圣者与旅行者
Pilger und Tourist

终于,我又在梦里成了朝圣者:其中的一切都是徒劳的,痛苦又令人警醒。早上醒来的时候,我想让这个冬天永远持续下去。

——彼得·汉德克

齐格蒙特·鲍曼(Zygmunt Bauman)将朝圣者树立为现代人的形象。鲍曼认为,现代性赋予朝圣者"极富前景的新转变"[52]。作为朝圣者的现代人在荒漠般的世界中游荡,赋无形以有形,予片段以连贯,以碎片塑整体。[53] 现代朝圣是一种项目性生活(Leben-auf-Projekte-hin),它"定向、连续、坚定"[54]。由于其项目性,朝圣者的世界必须"有序、确定、可预测且可靠",必须是"一个永远留有脚印,以便保存和收藏过去旅程痕迹和记录的世界"[55]。

现代人真的是朝圣者吗？朝圣者的生存形式是否真的与现代性相符？在朝圣经历中不可或缺的是对这个世界保持陌生，朝圣者就是"陌生人"（peregrinus）。此处不太会成为他的家，他因而走在去往一个特殊的彼处的路上。恰恰是现代性克服了此处与彼处的不对称性，从而形成了朝圣的生存形式。不过，与其说去往彼处，不如说前行到更好的此处。荒漠、朝圣者的流浪也意味着不确定性和不安全感，因为有走入歧途的可能。然而，现代性却以为自己走的是一条笔直的路。

朝圣是前现代形象。因此，像海德格尔这样的再神学化思想家会使用朝圣这一前现代性形象。"迷途"是"存在"的一种形式。[56]海德格尔的"在路上"具有朝圣的结构，他内心有一种对"最终抵达"、对"家园"的渴望，这与那个在可见的、可达的此处面前自行隐匿的源始有关。海德格尔的《田间路》曾是一条朝圣之路。朝圣的特点也是"紧迫、黑暗绵延、等待光明"[57]。朝圣之路"充满艰辛，虽越来越简单、纯粹、直通向前，却朝着一个进不去、到不了的地方"[58]。恰恰是这种隐匿（Entzug）使"地方"再光晕化和再神学化。

在某种程度上，最初的旅行者仍有朝圣者的步态。他们前往的是一个浪漫主义的反世界（Gegenwelt），一个原始的或自然的地方。他们曾想从此处逃往彼处。但他们已不再是外来者，既不是陌生人，也不是漫游者（拉丁语：*viator*）。他们在此处有房，有家。

超文化性产生了一种特殊形式的旅行者。超文化旅行者去往的不是反世界，也不是彼处，实际上，他居住在此处与彼处成对称关系的空间里，他就在这儿，"内在空间就是他的家"。在景观的超空间里冲浪或浏览，与朝圣者以及浪漫主义的旅行者的行进方式都截然不同。在超文化空间中，彼处只是另一种此处，二者对称，不存在不对称的痛苦。超文化旅行者从一个此处去往另一个此处，超文化因而是一种关于此在的文化。由于超文化旅行者并不追求最终的抵达，他们所到之处都不是居处，不是特指的"此处"（Hier）。这里的"此处"应该首字母小写，即写成 hier，或者划掉（Hier）。与海德格尔为了再光晕化、再神学化而打上叉的"存在"不同，直接划掉的 Hier 则是对存在进行的去光晕化和去神学化，使之丧失了光晕的深度。

齐格蒙特·鲍曼虽然说过，对今天的旅行者来说，"越来越不清楚哪个造访的地方才是家，哪个地方只是落脚点"，但他仍然坚持"在家"的形象："'此处我来做客，彼处才是我家'的对比仍然像以前一样清晰，但要说彼处在哪里，则不容易。彼处逐渐被剥夺一切本质特征；它所蕴含的家非想象所能及（任何想象出来的形象都会显得太具体、太局限），它是既定的，既定拥有一个家，但不是一个具体的建筑、街道、景观或社群……思乡是梦想着可以有所归属——至少不仅曾身处某处，亦要从那儿而来。……家在思乡中的价值恰恰在于其永远保持'将来时'的态势，不失去魔力和诱惑力，就不会进入'现在时'……"鲍曼的旅行者是一个浪漫主义的旅行者，他假定了一个反世界。他仍然是朝圣者，正在去往故乡的路上，去往彼处，而这个彼处却进入了将来时。鲍曼虽然谈到思乡之情并不是"旅行者的唯一感受"，旅行者也"恐惧被束缚在家乡"，即"恐惧被束缚在一处"[59]。然而，他对另一种旅行者的形式——超文化旅行者的生存形式缺乏感知。与朝圣旅行者相比，超文化旅行者不了解此处和彼处的差异，因此不会生活在"第一将来时"或"第二将来时"[1]中，他们完全生活在现在时中，或处于此在中。对鲍曼来说，旅行者仍然属于在对彼处的渴望与恐惧之间纠结的朝圣者，而超文化旅行者既没有渴望，也没有恐惧。

全球化并不仅仅意味着彼处与此处的联网。相反，它去除了彼处的遥远性和居处性，从而让一个全球性的此处得以产生。无论文化间性、多文化性还是跨文化性，都无法成为这个全球性的此处的标识。超文化旅行者在向文化观光敞开大门的事件（Ereignisse，又译"缘构发生"）的超空间中旅行，因此，超文化旅行者对文化（Kultur）的体验就是文化—旅行（Kul-Tour）。

---

[1] 在德语中，第一将来时表达的是对未来的看法和计划，针对尚未发生的事情，以及对未来的期望和对当前事情的猜测；第二将来时意味着对正在发生的事情的猜测已经结束。

窗口与单子

Windows und Monaden

泰德·尼尔森将超文本的概念设计为一种自由的实践。超文本可以被解释为实现普遍解放的密码。尼尔森认为，线性层级秩序的产生是基于一种强制，一种"解构过程"[60]。传统书籍的读者必须服从既定的顺序，读者的不同喜好因而不能得到满足："人的背景和风格不同……然而，传统和技术将我们引向顺序文本，迫使我们为所有人写出的都是相同的顺序，这可能适合某些读者，而使另一些读者受到冷落，或者干脆不适合任何人。"[61] 读者被逼入被动状态。超文本则提供了一种完全不同的阅读方式，它提供了选择的可能性："因此，根据背景、品味或者理解能力驾轻就熟地为不同的读者创造不同的路径，那将非常可取。……这意味着不同的文章和书籍很有可能是同一作品的不同版本，以及不同读者阅读同一作品的不同路径。"[62]超文本的世界是"被上了色的",是多彩的。[63]读者不再被抛入一个预先确定的、近乎单色的意义或顺序结构中。相反,他们积极主动地活动,独立地在超文本的多彩空间中铺设路径,他们是五彩缤纷的超空间中的旅行者。这就是尼尔森所说的"主动阅读"(active reading)[64]。读者遵循的不是既定的顺序,而是偏好和兴趣:"在超文本中,我们不受顺序的限制,创造新的写作形式,更好地表现所写内容的结构;读者则可以选择路径,按照兴趣或当前的思维线路,以过去认为不可能的方式进行阅读。"[65]世界是一种"窗口化的超文本"(windowing hypertext)[66],窗口是进入超文本宇宙的通道。对世界的体验基于"迈进窗口":"把现在的文档想成一片玻璃:其上有现在的作者写的字;它是透明的玻璃,可以透过它看见其他东西;下一片玻璃可能是多层彩色玻璃,形成更多窗口,以此类推,以至无穷。"[67]因此,窗口化是经验的超文本模式,它打开了世界。在这个超文本的宇宙中,不再有自我孤立的单位,因而不再有"主体",一切都相互映照,让彼此照进自己的内部。

超文本宇宙与莱布尼茨的宇宙形成有趣的对比,因为后者的居民，即单子（Monade），没有窗口。单子虽然在其自身内部映现宇宙，但这种映现是一种内对内的反映，原因恰在于单子没有窗口。单子的无窗口性源于它是一种实体（Substanz）的事实，它四面封闭，拘泥于内。因此，莱布尼茨的单子宇宙不是网络宇宙。由于单子没有窗口，在这个宇宙中就不会有窗口被打开。单子实体的封闭性闭绝了交流，相互映现因而无法实现。莱布尼茨著名的"上帝"由此介入，在无窗的单子之间充当中介，在彼此孤立的单子之间创造了"前定和谐"。

在超文本宇宙中，没有任何东西是单子式封闭的。完全不存在实体。超文本宇宙的居民或许是一种由用以感受世界的窗口组成的"窗口体"。窗口化消除了房子的单子内在性，将宅家的居民去内在化，并使之成为超文化旅行者。

的确，窗口有两个功能。它首先是一个通往外部的通孔，但同时又将我与世界隔绝开来。屏幕作为一种窗口不仅有显示功能，也有遮蔽功能。这样一来，窗口化反过来会产生单子，这次是有窗口的单子，其"在—世界—之中—存在"被证实是"在—窗口—之前—存在"。在分化过程中，这种单子与旧式的、没有窗口的单子越发相似。它们是否也要呼请上帝呢？

奥德拉岱克
Odradek

卡夫卡《家父之忧》("Die Sorge des Hausvaters")[68]中的奥德拉岱克（Odradek）代表了一种混杂的同一性，这个名字[69]本身就显露了杂交性："一些人说，Odradek 源自斯拉夫语，他们试图以此为根据来论证该词的构成。另一些人则认为，它源于德语，只是受到斯拉夫语的影响。"奥德拉岱克的外观也是混合的："初看，它像一个扁平的星形线轴，而且的确好似绷着线，但只是一些残断破旧、互相连接而又乱作一团的各色各样的麻线。然而，它又不仅是一个线轴，它的中心横插着一根小木棍，另一根小木棍纵向与之垂直相连。一方面借助于后一根小木棍，另一方面借助于星的一个尖角，整个线轴就像借助两条腿一样直立起来。"

奥德拉岱克之所以是杂交的，是因为它几乎不会注意家宅的边界。它是家宅或居处的对立形象，不是"长住户"。因此，它不断地让家父这个家乡、民族、祖国或人民的守护者感到不安，成了家父的忧患（Sorge，又译"烦""操心"）。它像幽灵一样萦绕在周围，居无定所："所在之处或阁楼，或楼道，或走廊，或门厅。它有时几个月无影无踪，可能是迁居到别人家了，但过后一定又会返回我们家来。"

人们像对待孩子一样接近奥德拉岱克，也不会向它提出复杂的问题，它显然没有深度的思考。它的心不会固着于事物或居处："'你叫什么名字？'有人问它。'奥德拉岱克'，它说。'那你住哪里？''飘忽不定'，它说，并且笑了笑……"奥德拉岱克有一种非常独特的同一性："人们似乎觉得，这个东西以往曾有过某种合乎目的的形式，只不过现在变得破损了。然而事情并非如此，至少它没有这种迹象，任何地方都看不到足以说明这种现象的征兆或断裂。整体来看，这个东西虽毫无意义，但就其风格来说，它是自成一体的。此外，人们无法说出它的进一步情况，因为奥德拉岱克极其灵活，不容易被抓住。"没有任何目的论说得通它的同一性。它看起来是破碎的，只因为它无法被任何目的圈定。尽管看起来毫无意义，它依旧拥有自己的同一性,"以自己的方式自成一体"。只不过,这种同一性是拼凑起来的,其特征就是无关联的堆砌(Zusammen des Zusammenhanglosen)。

奥德拉岱克虽然在笑,但它的笑里含有讽刺、嘲弄或阴森可怕的意味。这不是一种开怀的笑:"……像是没有肺的人发出的笑声,听起来有点像落叶发出的沙沙声。"人们眼中奥德拉岱克的快乐,准确地说是卡夫卡本人的快乐,就像它虚无的笑一样矛盾。它的笑只是短暂地打断了自己一再陷入的、为质料所具有的无尽缄默:"……它常常长久地默不作声,看上去像一块木头。"

奥德拉岱克代表了一种反父权或反家宅的形象。它很像短篇小说《一片老叶》中那些"来自北方的游牧民族"。这篇小说也是以表达忧患开始的:"在保卫祖国的过程中,仿佛很多都被忽视了。从前,我们对此并不关心,而是去做自己的事情。然而,最近发生的事让我们感到忧虑。""来自北方的游牧民族"已经占领了首都。他们在露天安营扎寨,"因为他们厌恶家宅"。像奥德拉岱克一样,他们不是住在家宅里的人。"父亲"这个形象以"祖国"和"皇帝"的形式再次出现。与奥德拉岱克一样,家父,即皇帝,只是束手无策地看着这一切的发生。"来自北方的游牧民族"代表的是完全他者、陌生者、怪怖者以及不可通约者（das Inkommensurable）："他们经常表情怪异，然后眼睛一翻，口吐白沫，但他们这样既不是想说什么，也不是想吓唬人，这只是他们的行事方式。"他们和当地人之间没有交流，没有沟通："不能和游牧民族交谈，他们不懂我们的语言，也没有自己的语言。"他们也不懂手语。因此，他们"像寒鸦一样"通过尖叫来交流。

无论奥德拉岱克还是来自北方的游牧民族，他们都不是超文化旅行者。因为，奥德拉岱克一定又回到它的家。卡夫卡的作品中找不到窗口化形象，卡夫卡游牧主义的消极性只创造出了搅扰家宅的幽灵。因此，卡夫卡一直都是家宅或父亲的人质。与游牧民族的残暴不同，拥有友善或快乐特征的奥德拉岱克杂交体在一定程度上与那种带有拼凑结构的超文化身份相近。正如卡夫卡所描述的那样，奥德拉岱克由"乱作一团的各色各样的麻线"组成，因此它拥有一个多彩的自我（colored Self）。

超文化身份
Hyperkulturelle Identität

在莱布尼茨的宇宙中，每个存在者都有固定的位置和固定的身份（Identität，又译"同一性"），它蕴含在神造的和谐及宇宙的秩序中。没有什么能让存在者不安，没有任何外来者会闯入其有序的内在，也就没有任何单子看向窗外。

视域的瓦解是今天的特点，创造意义和创建身份的关联正在消失。碎片化、节点化和多元化是当代的证候，今天的时间经验亦是如此。那种由过去、现在和未来组成的美丽架构，即一个故事、一个叙事弧（narrativer Spannungsbogen）所带来的完整时间不复存在。时间变得赤裸，被剥下叙事的外衣，一种"点时间"（Punkt-Zeit）或"缘构发生时间"（Ereignis-Zeit）得以产生。这样的时间由于视域匮乏而无法承载太多意义。

今天的"星丛"（Seinskonstellation）[1]显然缺乏将部分统一成一个有约束力的整体的引力。存在是涣散的，变成了一个由可能性和事件组成的超空间，它们不再因引力相互吸引，而是在超空间中交错横飞。视域的瓦解可以被体验为一种痛苦的虚空，一种叙事的危机，但也让一种新的自由实践产生。

超文本写就的世界由无数窗口组成，但没有一个窗口能打开一个绝对的视域。没有被视域锚定的存在却因而拥有了一种新的行进方式，一种新的观察视角。在窗口化过程中，人们从一个窗口滑向另一个窗口，从一种可能性滑向另一种可能性，从而让一种个性化叙事、一种此在进行的个性化筹划成为可能。当视域分解成五颜六色的可能性时，一种身份认同便被拼凑出来，单色自我便被多彩自我取代。

所谓拼凑式宗教，亦可被称为多彩宗教，同样以统一的意义视域的瓦解为前提。视域的瓦解导致了不同信仰形式的超文化并置，人们从中拼凑出自己的宗教。然而，颜色和形式的多样性并不总是活力的标志，就宗教而言，它也可以是

---

[1] 阿多诺为哲学提出的一种希望，建立一种概念和所思的具体对象之间的关系，它不是强制的关系，而是像星星一样松散却又联结着的关系。引自知乎答主 TakySafu。

走向终结、湮灭的现象。艺术也越来越在构建超文化的表达形式和修辞手段之间摇摆。超文化艺术不再致力于强调意义上的真理，也就是不再去揭示什么，而是同拼凑式宗教一样，以多姿多彩和多种形态来表达自己。

超文化不会带来统一的文化料（Kulturmasse），即单色的统一文化。相反，它激发了越来越多的个性化。人们按照自己的偏好，从构建起超文化的多种生活方式和实践中拼凑出自己的同一性，拼凑式结构和身份由此出现。这种多姿多彩预示着一种新自由实践即将到来，它由生活世界的超文化性去实事化所产生。

文化间性、多元文化性和跨文化性
Inter-, Multi-und Transkulturalität

文化间性和多元文化性在许多方面都是一种西方现象。从历史角度看，它们的形成与民族主义和殖民主义有关。从哲学角度看，文化的本质化是它们得以形成的前提，文化间性的观念使得文化获得了一种本质。同时，文化的民族化或种族化也为文化本身注入了一种灵魂。间性（Inter）会把经过本质化的文化引入一种对话关系中。根据这种文化理解，文化交流不是使文化一成不变的过程，而是一种值得推广的特殊行为。

文化间性根据主体间性或人际间性的模式运作。在这一模式下，人类以主体或个体的形象呈现。多元文化性对文化的理解也没有根本不同，人们会用"融合"或"宽容"来克服继而产生的文化差异。如此，多元文化性为相互渗透或相互映照开辟了狭小的空间。霍米·巴巴的间隙通道概念视文化同一性为差异影响的结果,这一概念虽然向文化的去实体化(Ent-substanzialisierung)迈出了第一步,却没有走向超文化的窗口化。

东亚还没有发展出实体存在论的(substanzontologisch)文化概念。此外,人也不是一个定义明确的实体或个体统一体(Einheit),也就是说人不是"人",没有"灵魂"。中文里的"人"字,指向的也不是实体的人,而是表现"之间"的字符,是一种关系。在个体或主体间后发性地建立关系的主体间性(Inter-subjektivität)或人际间性(Inter-personalität)这种西方范畴,对东亚思维来说是陌生的。在所有间性面前,人都是居间的。相应地,"对—话"(Dia-log)也是一个西方概念,东亚文化并不了解"辩—证"(Dia-legein)的善言性。这种对文化的不同理解,也解释了为什么在东亚地区甚至没有一个统一的概念或翻译来描述文化间性。因此,人们使用各种不同的释义,听起来往往非常造作。[70]

无论欧洲文化还是欧洲的文化概念,都表现出很强的内在性。相反,东亚文化缺少内在性,因此可以被渗透,被打开。也正因此,它发展出一种对据为己有、变化,即对新事物更强烈的趋近。东亚文化不是内在回忆（Er-Innerung）或记忆的文化。由于具备更强的开放性，它无须刻意寻求在固定实体间充当中介的那种间性。就其内部状态而言，东亚文化向超文化趋近的态势更强，因为超文化同样是不具有内在性的文化。

东亚思维不以实体而以关系为导向。因此，世界更像是一张网，而不是存在。东亚思维是网状的，这可能是在东亚比在讲求本质的欧洲能更快发生交联的原因，这种交联显然符合亚洲人对世界和自我的理解。东亚与"技术"交联有着非常"天然"的关系。

"多地生活"[71]并不符合东亚对全球化的认知。事实上，在东亚也只有极少数人会与多地结缘。然而，这并不意味着全球化尚未触及东亚，只是必须以不同的方式来描述它。多元文化性也没有正确反映东亚的文化全球化，对西方多元文化性具有构成性意义的殖民主义和移民并不是东亚特征。尽管缺乏多元文化性，但东亚的超文化特征却越来越凸显。超文化性并不一定以多元文化性为前提。

与文化间性的对话相比，跨文化性强调的是"跨越边界"："在跨文化交流中，从一个文化单元到另一个文化单元的跨界过程是研究的重点。"[72] 沃尔夫冈·威尔什（Wolfgang Welsch）的跨文化思想也强调了文化的跨界动态："超文化性……想表明……今天的文化结构……理所当然地穿过古典文化边界，并将其超越。"[73] 与跨文化性相比，超文化性不会强调跨越边界，它是不同文化形式的无间隔并置。人们不会在超文化空间，即文化的超市场中漫游。不同的文化形式、表象、声音和气味，已经脱离了它们原来的位置，将自己呈现于一个无限的超空间中。超文化的同时性完全没有漫游所固有的广袤性。人们不是在"漫游"，而是在可触及的现在时中"浏览"。这里所强调的漫游并不是超文化的行进方式。在现在时中可以触及一切的地方，出发和到达也就不再被强调。超文化旅行者总是已经到达目的地的旅行者，他既不是"漫游者"，也不是"越境者"。通道和过境不在超文化的空间里。超文化创造了一个单数的此处。当异质的内容无间隔地彼此相邻时，跨越就变得多余了。今天文化状态的特点不是跨，也不是多或间，而是"超"。发生交互或跨越的文化被去边界化、去居处化、去遥远化而成为超文化。

超文化的窗口化不是对话，它缺乏对话的内在性。从某种角度看,超文化是涣散的。超文化旅行者不是诠释学家。超文化之所以不同于多元文化,是因为它对出身、血缘、种族或居处缺少记忆。超文化从不同的表象、符号、标记、图像和声音的密集并置中获取全部动能,是一种文化的超文本。跨文化性恰恰不具备这个维度的"超"。定义当今文化的,不是跨越的广袤,而是时空并置下的切近;全球化的本质特征,不是多元或跨越,而是集聚、联网和凝缩（Verdichtung）的"超"。

威尔什说,文化不是今天才具有跨文化性的,它一直都有。[74] 与这种对每个时期、每种文化都曾明显产生影响的跨文化性相比,超文化性则是今天的文化特点。它以特定的历史过程、社会文化过程、技术或媒介过程为前提,并与前所未有的特殊时空体验和同一性构建、感知形式相关。因此,希腊文化、罗马文化和文艺复兴时期的文化都不是超文化。超文化性是今天的现象。

据为己有
Aneignung

近代，他者或完全他者的范式已经在许多人文学科中确立起来。从那时起，据为己有就带上了罪恶感。有人认为，据为己有是损"他"益"己"。这种理解本身就值得怀疑。他者被迫进入自我思维的范畴，他者性或陌生性才被建构起来，这与据为己有全然无关。被无度滥用之后，他者就被神话般地禁忌化或神灵化起来。

据为己有本身不是暴力，要把它与为了本有（das Eigene, 又译"自我"）和同一（das Selbe）而消灭他者的殖民主义剥削严格区别开来。据为己有对教化与身份认同（Bildung und Identität）具有构成性作用。只有白痴或上帝才不需要去据为己有。本有不是像日期一样先在、既存的，相反，它是成功汲取的结果。不据为己有，就不会更新。超文化所具有的恰恰是这种对据为己有的渴望，对新事物的渴望，它是一种极力去据为己有的文化。

谁将他者据为己有，谁就不会一成不变。同时，据为己有自身的本有也随之转变。这就是据为己有的辩证法。发生变迁的，不仅是自身作为主体的据为己有，还有被据为己有的他者。据为己有的过程不是对同一的维系，相反，它使差异产生。这样，他者才不会被视为异国情调（Exotische），而对异国情调的凝视却巩固了本有。

超文化不知何为让人感到胆怯和惊恐的完全他者。在新事物面前，他者会退却，它本就不属于超文化的语汇。好奇取代了胆怯或恐惧。但排除一切交流过程的值得保护的自我只可能是个传说。本有是从文化的超空间中被据为己有的，换言之，它不是被继承的，而是被习得的。在本有与他者之间设定的解构性分隔缓和为新与旧的区别。由此，对差异，对新事物的接纳宣告到来。

消费也是一种据为己有的实践，主体贪婪地吞食他者，自身也不会一成不变。人从置身的周遭所据为己有的，才是构成自我的内容。只有纯粹内在性的神话才会将消费敉平为单纯的外在行为。对消费的批判源自意欲对超强他者进行防卫的深层内在。这种内在性,这种灵魂不为东亚所知,这也是东亚与消费之间的关系尤为积极的原因。东亚亦不知何为用于御外的本质和内在。内在毋宁说是外在的一个特殊表现。

论长期和平
Zum langen Frieden

在康德看来,和平状态不是自然状态,因为后者是一种战争状态[75],而前者是需要被建立起来的。康德在提出"世界公民权"和"友善好客"[76]这些永久和平(ewiger Frieden)的原则之后,又提出了几项附加条款:因为仅凭原则对于建立永久和平显然是不够的,所以需要这些附加条款。在第一项附加条款中,康德出人意料地提到了自然(Natur)。自然状态虽然是一种战争状态,然而,自然作为一位"伟大的艺术家"却为我们提供了"永久和平的保障"[77]。

康德认为,国际法思想以"许多相互独立、毗邻国家的分立"为前提。各国在"一个凌驾于他国之上、朝着大一统君主制过渡的权力之下"的"融汇",无法铸就"永久的和平状态",因为这种国家间的联合会演变为专制。"自然""另有意愿"[78],它要让各国保持分立。为此,它通过区分语言和区分宗教"两种手段来阻碍民族的融合,并助长分离。它们虽然带来了互相敌视的倾向,成了引发战争的借口,但也会随着文化的进步和人类的趋近,促成原则上的更大共识以及对和平的赞同。与专制主义不同,这种和平的实现和存续……本身并不是借助对所有力量的削弱,而是借助在最激烈的竞争中形成的所有力量之平衡"[79]。

康德始终推崇自然这位伟大的艺术家。仅凭理性显然无法实现永久和平。因此,康德请自然来为那种"建立在理性之中,虽受到尊崇却无力付诸实践的普遍意志"提供帮助。自然作为一位伟大的艺术家,还创造了彼此对立的事物。她一方面让各国彼此分立,另一方面又"通过让他们彼此交换私利"将各民族"统一起来"。这指的是"贸易精神"。按照康德的说法,贸易精神与战争不相容,它能让处于战争一触即发状态下的国家之间自行调停。贸易精神迟早会征服每一个民族。自然就是这样"通过人性禀好(menschliche Neigungen)的机制"保障永久的和平。根据这一逻辑,推动全球化的贸易精神可能会被证明比在文明冲突中交战的诸神更为强大。[80]

然而就在此前几年,康德还尖锐地谴责了贸易精神。他在《判断力批判》中说:"即使战争,如果它是在有秩序和尊重公民权利的情况下被发动的,也有其崇高之处。以这种方式发动战争的民族,面临的危险越多且能够勇敢坚持,其思维方式就越崇高:因为长期和平下滋长的纯粹贸易精神,常常使低级的自私、懦弱和软弱占据上风,并贬低民族的思维方式。"[81] "长期"和"永久"的和平之间究竟区别何在?基于贸易精神的和平是长期的,而基于道德的和平是永久的?康德将自己置于矛盾的境地。削弱道德的长期和平,成了以道德为基础的永久和平的保障。

因此,即使全球化只是建立在贸易精神基础之上,它至少可以带来长期的和平。如此看来,源于"低级""禀好"的贸易精神,还是值得肯定的。毕竟,长期和平与永久和平之间没有那么大的区别。

康德不会赞同的东西也许有助于实现永久和平,即种族、宗教和语言的混杂。这种混杂不利于权力和统治。权力的前提是连续性。在一个不连续的空间或一个结构不断变化的空间中,确立权力十分艰难。因此,混杂使为了自我的稳定或合法化而构建文化或种族的纯粹性的权力感到不安。

尼采内心肯定也有类似的想法。"贸易和工业,书籍和信件往来,所有高等文明的共通,地域和景观的快速切换,所有没有土地的人当下所过的游牧生活——这一切必然造成国家的削弱和最终的毁灭……由于存在持续不断的交杂(Kreuzung),所有国家之中都会产生……混合种族(Mischrasse)。"[82]这种混杂的禀好或许也可以归因于自然。不自然的是"人为的国家民族主义",即"通过制造民族敌对来使国家封闭"。尼采认为,这样的混杂过程是无法被阻止的,国家民族主义"在本质上是一种由少数人强加给多数人的暴力紧急状态和围困状态",需要"诡计、谎言和暴力来维持自身威信"。因此,有必要"在国家的融合上下功夫"。在这种情况下,世界和平不以分离而以国家和民族的融合为基础,这种融合不需要"一个凌驾于他国之上、朝着大一统君主制过渡的权力"。即使没有权力,自然作为一位伟大的艺术家也能够促进混杂。在随着上帝已死居处即将消失的时代,"不自然的国家民族主义"就是一种地方原教旨主义。尼采认为,"我们这些无家可归的人""太浪迹天涯",不会沦为国家民族主义的牺牲品。[83]尼采眼中"当前文化的实际价值和意义"在于"相互融入和彼此受益"[84]。

尽管尼采具有非凡的远见,但他还是无法预料"地域和景观的快速切换"将会带来何种文化形式。他并没有想到超文化的概念,也没有充分肯定文化杂交。尼采在另一段话中说,文化的杂交带来"许多丑态",导致"世界黑暗化"[85]。超文化在很多方面都是去边界化的,因此它也是一种超然于美和丑的文化。

友善的文化
Kultur der Freundlichkeit

超文化联网创造了生活方式和感知形式的深层多样性。它不允许存在普遍的,即所有人共有的经验视域,也不允许存在普遍有效的行为规则。因此,为了成功实现共在(Mitsein)而进行的必要调整须经由另一路径。

面对多样化的信念,或如理查德·罗蒂所说的"终极语汇",可以采取的一种态度是反讽。罗蒂所说的"反讽者""对自己正在使用的终极语汇抱有彻底的、无休的质疑",她不认为"她的语汇比其他语汇更接近现实,也不认为她的语汇接触到了自身以外的任何力量"。[86] 罗蒂认为,反讽者们"永远生活在对自己的终极语汇,也就是对她们自身所具有的偶然性和脆弱性的清醒认识之中"[87]。她们不会把语汇绝对化,而总是愿意对其进行校订。[88]

然而，罗蒂式讽刺的道德品质在"避免羞辱他人"中消耗殆尽。罗蒂认为："对于面对羞辱人人都会受伤的认知，是我们唯一需要的社会纽带。"[89] 鉴于此，他的反讽者需要"尽可能富有想象力地熟悉其他终极语汇，这不是为了自己的教化，而是为了理解人们所遭受的真实的和可能的羞辱"[90]。

与自我语汇保持反讽距离，无疑使人们有可能在不相互羞辱的情况下共存。这种反讽距离会催生一个高贵的自我，这个自我不会冒犯其他的自我。但反讽不具有联网效应，并不创造联结或联盟，它只是让一个考虑周全的单子集合体得以产生。这些单子拥有"富有想象力的同理心"，一种"想象他人真实的和可能的羞辱的能力"。[91] 反讽单子即使拥有敏感的触角，但也不是"网络体"（Netz-Wesen）。反讽文化仍然是一种单子自我的文化。它拥有很强的内在性，因此无法理解文化语汇缺乏内在性的混杂。也可以这样说：香料和气味的超文化混杂、叠增并不具有讽刺意味。到底还有没有一种讽刺的味觉？换言之，文化从最深层讲并不具有反讽性。

罗蒂的反讽文化并没有理解当今世界的超文化状态。例如，对偶然性和脆弱性的意识，或许是反讽的特点，但反映不出多重的"超"体验。这也许是现代或后现代的意识，但不是超现代的意识。因概念根源而无法被反讽克服的消极性，并不存在于超文化中。超文化包含了一种反讽无法接纳的肯定。无尽无际（etwas Unendliches）是超文化的灵魂所在。

鉴于今天生活方式和信念的多元化，"得体"（Takt）无疑格外重要。伽达默尔认为，在"我们不了解一般原则"[92]的情况下，得体具有导向作用。"得体无法论证"，其功能在于"做出正确的决定，并为常规即康德的伦理法则的应用提供一种约束，这是理性无法做到的"[93]。虽然对特殊者（das Besondere）表现出忧虑，但得体并不是常规或理性的完全他者，而是常规的补充。它规范的是常规无法理解的东西。通过这种方式，得体赋予体系以可塑性和灵活性。尽管得体对特殊者有感觉，但它只在常规和同一（das Identische）适用的背景下才发挥作用。

礼貌也通过为相互展示自我提供空间，从而实现形式上的外在适应。这是一种交际技巧，确保人们不会对彼此出言不逊，或者发生口角冲突。然而，礼貌的开放程度很低，它常常被用来将与"他者"及其"他性"的接触降到最低。礼貌使他人保持距离。此外，它还受到文化代码的约束，在不同编码的文化相遇时，它的效力就会发生减损。

宽容也显示出极低的开放性。对待他人或陌生者的态度只有容忍。获得宽容的，是与规范体系所产生期望的偏离。宽容对恒定的规则体系有稳定作用。对他者无规则的任意开放，既不宽容也不礼貌，同样也不是讽刺的基本特征。所以，它们都是不友善的。

在多元文化社会中，宽容的主要是代表正常（das Normale）的多数，被宽容的则是与标准、规则偏离的少数。因此，宽容在本有和他者之间划定了明确的界线。被宽容的不是多数，而是被冠以低贱和下等之名的少数。这样一来，宽容就悄然巩固了现行统治体系。本有在所有参与者中起决定性作用。宽容之外，不会再与他者发生接触。宽容不具备那种不仅被动"容忍"非主流，也会主动肯定非主流、向非主流汲取、将非主流提升为本有内容的开放性。宽容将本有密封保存。像礼貌一样，它是一个比较保守的概念。

与礼貌相比，友善显得无拘无束。正是友善的这种无规性（Regellosigkeit），才使其能够产生广泛的影响。

它以最小的关联性创造了最大的凝聚力。当共同视域瓦解成最多样化的同一性和表象时，友善创造了一种单独（singulär）的参与、一个不连续的连续体（Kontinuum von Diskontinuitäten）。在超文化的马赛克宇宙中，友善发挥着调解的作用，使不同者（das Verschiedene）并置的空间变得宜居。反讽和礼貌都不会产生切近。友善因为具有远远超出宽容的开放性而有能力实现窗口化，发挥打开和联结的作用。莱布尼茨的上帝帮助没有窗口的单子和谐共存，也许友善可以取代莱布尼茨的上帝，为单子打开一扇窗。

超日志

Hyperlog

从某种角度看，互联网已经把世界变成了一种海洋景观。当你点击网景导航仪，一个有星星和明亮灯塔的夜间海洋就会出现。你在无边无际的信息海洋中确定方位。进入互联网，就像进入一片浩瀚的海洋。与其说"登录"，不如说"登船"。然而，大海不再像过去那样具有威胁性。对黑格尔来说，大海仍然象征着令人害怕的不确定性和深渊。因此，在柏林的首次授课中，他把思考比作在无尽的海洋上进行的冒险航行："研究哲学的决定完全将决定本身抛入了思考之中（思考本身是孤独的），抛入了无边无际的海洋之中；所有的颜色，所有的支点都消失了，所有其他美好的光亮都熄灭了。只有那颗星，那颗内在的精神之星在闪耀，它就是北极星。无疑，精神与自己的独处恰如遭受恐惧的吞噬；且无从得知恐惧意在何方,人该去向何处。"[94]黑格尔的体系就是建立在那种恐惧感之上,建立在无尽海洋的中央。忽必烈的行宫上都同样不是建在坚实的大地之上,那里的土地在沸腾。圣河阿尔浮以雷霆万钧之势径直流入不见太阳的海洋。然而互联网呈现出的,则是一个完全不同的、没有不确定性和深渊的海洋。冲浪无疑是与那种向着未知冒险航行相对立的形象。用户是互联网中的旅行者,借助超链接在其中移动。冲浪体现了在电脑之外早已出现的生活体验。用户在互联卖场中移动,即在超卖场,在信息的超空间中移动。拥有无数集装箱船的海洋不再是荷马或黑格尔的海洋。"浏览"一词也引起了人们对已经发生变化的"在—世界—之中—存在"的关注。与冲浪相比,浏览并不是关涉海洋的形象。[95]用户没有海员的冒险态度,他们有的是一种消费者的态度,确切地说,是旅行者的态度。

当海洋变成超卖场时,黑格尔认为可以用来克服无边海洋的深渊和不确定性的"内在的精神之星"也会消逝。与海洋之间的关系发生改变,反映了今天另一种对存在的理解。新的海洋景观既不知精神,也不识真正意义上的逻各斯。逻各斯被超日志取代,而超日志不是对话或多日志（Polylog）的简单延续。相反，它离开了对话和多日志依然坚守的旧逻各斯本身的秩序。超日志是超文化的新秩序。在这一秩序中，可以从超日志那里听到的不是逻各斯（Logos），而是登录（Log-in），或者图标（Logo），以及图标集合（Logo-s）。

漫游者

Wanderer

尼采把漫游者设想为一种新人类。他在题为《漫游者》的箴言中写道:"仅仅在一定程度上获得理性自由的人,只会觉得自己是一名尘世间的漫游者——而不是朝着某个终极目标行进的旅行者,因为这样的目标不存在。也许是因为他想极目四望这个世界上真实发生的一切,所以才不可以过于注心于一切个体,他自身一定有漫游的特质,以变化和转瞬即逝为乐。"[96]尼采的漫游者在一个去目的化、去神学化,即去居处化的世界中漫游。因为他并不前往终极目标,所以才开始环顾四周。因为他没有被绑定在终极意义上,所以才是自由人。从词源上看,Sinn(意义)意为行进、路径或旅程。新的旅程没有最终目的地。这种目的和神学的缺席却解放了漫游者的视野。是的,这时他才学会了看,看"在这个世界上真实发生的一切"。新获得的自由赋予漫游者这种超视野（Hyper-Sicht）。漫游者虽然失去了一种视域，却因而打开了新的可视性（Sichtbarkeit）。

他的目光也在漫游。他决心改变，要去面对新物，所以不会在一个地方逗留太久。他不相信"深度"或"源始"的神话。他走在广阔的表面之上，走向色彩斑斓的表象（Erscheinung）。

然而，尼采所谓漫游者的生存形式与超文化旅行者并不相同，他的行进方式缺乏旅行者的闲情逸致。而且，漫游者的世界还遍布荒漠和深渊。尼采的箴言继续写道："当然，糟糕的夜晚会降临到这人身上：精疲力竭时，却发现原本应该为他提供休息的城市已经大门紧闭。除此之外，就像在东方那样，荒漠一直延伸到城门脚下，猛兽的嚎叫时远时近，狂风肆虐，强盗牵走了他的驮畜。然后，可怕的夜晚犹如另一个荒漠降临在原本即有的荒漠之上——他的心开始厌倦漂泊。"[97]

尽管尼采忠实于尘世，但他始终是个朝圣者。他还不知道那种超文化的此在（Hiersein）。他的道路是一条"苦路"，由于他不需要上帝，这条路只会变得更加艰辛，更加痛苦。

门　槛

Schwelle

门槛里的锁眼儿。

——彼得·汉德克

海德格尔的世界很大程度上还是方言（dialektal）的世界。对他来说，超文化完全是文化的终结。[98]他一次又一次地哀叹家园的消失。他还让媒介对家园的消失，进而最终对世界的消失负责，是媒介把人变成了旅行者："留在家乡的人又身处何种境地呢？很多情况下，他们要比被逐出家乡的人更加无处为家。他们时时刻刻都被拴在收音机和电视机旁。一周接着一周，电影将他们带入不同寻常但却往往让人习以为常的想象区（Vorstellungsbezirke）中，那里不是世界，却被伪装成世界。"[99]媒介伪装成，准确地说，模拟出一个"不是世界"的世界。是什么让世界成为世界？倘若不在表象中，又在哪里可以找到世界？是否有一种存在领域，会比那个"习以为常"的想象区更源始、更像世界的世界呢？海德格尔构想出"在—世界—之中—存在"，可能是受到了表象和图像世界的启发。海德格尔也用实事性来表示表象里的"在之中"（In-Sein）。媒介图像显然与这个源始的"在—世界—之中—存在"不相符。从这一角度看，海德格尔认为媒介的危险性在于它们也去除了世界的实事性。换言之，媒介摧毁了世界的世界性，摧毁了处于图像和信息中的"在世存在"。

在那篇完全可以被解读为反全球化方案的著名演讲《我们为什么要留在乡下》（"Warum bleiben wir in der Provinz?"）中，我们可以发现一个探索海德格尔世界的有趣提示。只有"当自我的此在处于工作中时"，世界才是世界。[100] 这个世界不为那些不工作、只静观的电影观众或旅行者而存在。世界在"群山厚重、古老岩石坚硬、杉树缓慢生长、草地上花朵或明丽或朴素、漫长秋夜山溪汩汩、深厚积雪覆盖着地面肃穆简单"的地方，在"这一切"都"推搡而来""簇拥而至"的地方。海德格尔的世界，是一个传达方言的、农民的和物的切近的地方。主要由符号和图像构成的超文化是一个贫穷的世界，失去居处的符号与图像并置其中，相互推搡着，拥挤着。超文化性使世界去实事化、非物质化、去自然化和去居处化。不同者的超文化同时性也剥夺了世界的所有"肃穆单一"，而"深厚积雪覆盖着地面"的虚空被符号、形式和图像的超空间取代。

关于海德格尔世界的情况，也可以从那些他反复宣扬的充当世界承载者的物中获得。在《物》（"Das Ding"）中，海德格尔将物分为四组[101]：（1）"壶和凳，桥和犁"；（2）"树木和池塘，小溪和山丘"；（3）"鹭和鹿，马和牛"；（4）"镜子和别针，书籍和图像，王冠和十字架"。海德格尔认为，物的本质在于在自身中反映世界。因此，仔细研究海德格尔的物的集合是有价值的，这可以让人们了解到海德格尔居住在或者希望居住在什么样的世界中。物的这种在大量头韵[1]设置下的归类，已经暗示了一种严格的、一目了然的秩序。单一性的假象也是在音节数量的层面上形成的。值得注意的是，这里所提之物大多数只有一个音节，所以从名字看它们也很单一，以至于人们会觉得，海德格尔世界的严

---

1 被重复的音素居单词或重读音节之首，称为头韵，源自古代西欧诗歌的主要韵律形式头韵体诗。例如：Buch（书籍）和Bild（图像），两个词的首字母都是B。

格单一性主要是语言性的。

第一组物由人造物组成，反映了完好无损的农民世界。但这个世界与农民的真实世界没什么关系，它是海德格尔面对现代技术主导的世界所设计的一个反世界，用来投射农民的世界。它与海德格尔所批评的旅行者前往的浪漫主义的反世界非常相似。在某种意义上，海德格尔自身就是一个旅行者，一个朝圣—旅行者。无论海德格尔还是浪漫主义的旅行者，他们前去朝拜的都是一个想象中的彼处。

第二组和第三组物代表从自然界中严格挑选出来的有生命和无生命的自然物，只包括本地的、驯顺的动物。这里没有提到昆虫或害虫（Ungeziefer，本意"不适合献祭的动物"）。[102]而且动物名称必须符合头韵与谐音，即符合语言上的秩序。跟其他物一样，这些动物的音节不超过两个，仿佛更长的名字会破坏世界的严格、单一秩序。[103] 仅凭谐音，唯一的双音节动物苍鹭（Reiher）被单音节动物的世界所接受。海德格尔不会想把本雅明的蝴蝶纳入自己物的集合，因为这些蝴蝶的名字五花八门，音节又多，如柳胥（Trauermantel）、红蛱蝶（Admiral）、孔雀蝶（Tagpfauenauge），或粉蝶（Aurorafalter）。[104]对于世界的单一秩序来说，这些名字或许太复杂。它们会使世界连字符化,进而破坏其"严格的单一性"。

第四组物集合了文化之物。但与第一组人造物相比,它们不仅有实用价值,还有很高的象征价值。王冠和十字架指的是等级或宗教秩序。不容忽视的是书籍。海德格尔的世界最终是一个书籍的世界,即一个具有封闭、稳定、可复制秩序的世界。海德格尔对多样性或繁杂性无感。海德格尔的书籍代表了律法[105],一切都要各归其位,一切都被"整齐安放在正确的秩序中"[106]。图像也暗示了世界秩序的清晰性或一目了然性。海德格尔的图像与那些只是临摹世界的媒介图像有根本的不同。海德格尔设想了图像与神话般的世界,这个世界在弗卢塞尔看来是这样的:"时间把每一个物都放在恰当的位置。如果物偏离了自己的位置,时间就会把它校正——时间进行调校。因此,世界充满意义:充满神灵。这种由时间对世界进行的调校是正义的(dike),因为它总是把一切都归入秩序(cosmos)。"[107] 根据弗卢塞尔的分类,超文本、超文化的世界是一个不再有总体秩序的点宇宙,是一个可能由五颜六色的玻璃或窗户组成的马赛克宇宙。

为什么海德格尔要把镜子和别针作为最后一组物?它们的含义或许存在于更抽象的层面上。它们导入了内在性,打开了灵魂或家宅的内在空间。镜子没有开放性，它实际上是窗口的对立形象，映现自我就是它的内在性所在。别针的圆形和封闭性也有同样的效果。它是回归自我的形象。第四组物中非常明显的头韵加强了秩序和内在性的印象。音调的重复几乎回归了古风。

此外，海德格尔的世界出奇地沉寂、宁静，没有嘈杂的声音。这种宁静加深了人们对世界秩序单一性的印象。单子一般的物默默地将世界映现到自己面前。它们没有彼此交谈，互相张望。它们虽有镜子，却无窗户。窗口化或交互性对海德格尔的物来说是完全陌生的。在海德格尔看来，它们只不过是涣散和衰败的代名词。

继荷尔德林之后，海德格尔虽然也指出了他者的构成性作用，即漫游性对自我形成的影响[108]，但这种漫游性遭到了极大的减损。海德格尔还着重强调了自我和他者（das Eigene und das Fremde）的区别。通往他者的门槛仿佛既厚重又冷硬。因此，跨越门槛是一场戏剧性活动。关于门槛，海德格尔写道："门槛是支撑整个大门的地梁。它支撑着贯穿内与外的中间（Mitte），承载着居间。与居间一样可靠的事物才能进出中间。这种中间的可靠性绝不能在任何地方坍塌。……作为居间的调解者,门槛是坚硬的,因为痛苦将它化为磐石。……而门槛内的痛苦将长久地存在。"[109]

从词源上看,门槛是房屋的地梁,也作为承重构件横亘门的内外。因此,门槛守护着房屋的内在空间,支撑着房屋本身。对海德格尔来说,门槛成了一个间隙空间,内与外在此相遇。尽管有居间性,但海德格尔始终是在家的哲学家。他对外部的开放仅限于像门槛一样的踌躇开放,而归根结底,门槛是向内的。那种超文本或超文化的无门槛性对海德格尔来说是完全陌生的。他本可以把自己那套物的集合进一步拓宽到门槛:……别针(Spange)、镜子(Spiegel)和门槛(Schwelle)……这一切都守护着家宅的内在性和亲密性。

未来时代的人不太可能是面带痛苦表情去跨越门槛的人,而是带着愉快笑容的旅行者。难道我们不应该欢迎这种自由人吗?还是我们应该继续做海德格尔或汉德克所说的石化成门槛的痛苦之人?[110] 汉德克在《重温之想象》(*Phantasien der Wiederholung*)中写道:

> 如果能感受得到门槛之苦,你就不是一个旅行者;通道自会出现。[111]

注　释

[1] 参阅《明镜周刊》(*Der Spiegel*)，第 44 期，2000 年。
[2] 黑格尔:《世界史哲学讲演录》(*Vorlesungen* über *die Philosophie der Geschichte*)，见莫尔登豪尔、迈克尔（E. Moldenhauer und K.M.Michel）编《黑格尔著作集》(共 20 卷)，第 12 卷，法兰克福，1970 年，第 280 页。
[3] 同上书，第 278 页。
[4] 黑格尔:《哲学史讲演录(第一卷)》(*Vorlesungen über die Geschichte der Philosophie* I)，见莫尔登豪尔、迈克尔编《黑格尔著作集》(共 20 卷)，第 18 卷，第 173 页。
[5] 同上书，第 174 页。
[6] 赫尔德（J.G.Herder）:《人类历史哲学的观念》(*Ideen zur Philosophie der Geschichte der Menschheit*)，见普洛斯（W. Pross）编《赫尔德著作集》，第 3 卷，慕尼黑，2002 年，第 651 页。
[7] 赫尔德:《关于人类教育的另一种历史哲学》(*Auch eine*

Philosophie der Geschichte zur Bildung der Menschheit），见普洛斯编《赫尔德著作集》，第1卷，慕尼黑，1984年，第619页。

[8] 同上书，第618页。
[9] 尼尔森（Theodor Holm Nelson）：《梦想机器》（*Dream Machines*），雷德蒙德，1987年，第30页。
[10] 同上书，第31页。
[11] 同上。
[12] 尼尔森：《文学机器》（*Literary Machines*），雷德蒙德，1987年，第1/16页。
[13] 同上书，第1/14页。
[14] 尼尔森：《梦想机器》，第31页。
[15] 同上书，第32页。
[16] 同上书，第142页。
[17] 同上书，第145页。
[18] 超文化（Hyperkultur）以及超文化性（Hyperkulturalität）是一个文化理论和文化哲学概念，区别于同图书文化对立的媒体或文学理论上的"超文化"。参阅克莱佩尔（M. Klepper）、迈尔（R. Mayer）和施耐克（E.P. Schneck）编《超文化：论计算机时代的小说》（*Hyperkultur. Zur Fiktion des Computerzeitalters*），柏林，1995年。该文集仅包含与超文本、超文本小说、科幻小说、赛博朋克、赛博空间或虚拟现实相关的媒体和文学研究成果。因此，"超文化"这一标题与原本意义上的文化概念关系不大，在该文集中也没有对文化理论进行反思的相关内容。"超

文化"只是作为计算机相关现象的一个内容不确定的总称。

[19] 弗卢塞尔(Vilém Flusser):《关于时间的思考》("Die Zeit bedenken"),载《艺术与仪器实验室年鉴》(*Lab. Jahrbuch für Künste und Apparate*),2001年第2期,第126~130页。

[20] 海德格尔:《存在与时间》(*Sein und Zeit*),图宾根,1977年,第385页。

[21] 同上书,第383页。

[22] 同上书,第126页。

[23] 参阅乔治·瑞泽尔(George Ritzer):《社会的麦当劳化》(*Die McDonaldisierung der Gesellschaft*),法兰克福,1995年。合理化不一定是麦当劳在亚洲成功的原因。参阅沃森(J.L.Watson)编《金拱向东:麦当劳在东亚》(*Golden Arches East. McDonald's in East Asia*),斯坦福,1997年;以及乔安娜·布雷登巴赫(Joana Breidenbach)《全球日常:你知道什么是全球化吗》("Globaler Alltag. Kann man Globalisierung verstehen?"),见克莱纳、施特拉塞尔(M. S. Kleiner u. H. Strasser)编《全球化世界:解绑世界的文化与社会》(*Globalisierungswelten. Kultur und Gesellschaft in einer entfesselten Welt*),科隆,2003年,第161~175页。

[24] 乌尔里希·贝克(Ulrich Beck):《什么是全球化》(*Was ist Globalisierung?*),法兰克福,1997年,第87页以下。

[25] 伊丽莎白·布朗芬(Elisabeth Bronfen)等人编:《混杂文化:英美多元文化主义论稿》(*Hybride Kulturen. Beiträge zur anglo-amerikanischen Multikulturalismusdebatte*),图宾根,1997年,第14页。

[26] 霍米·巴巴（Homi K. Bhabha）：《文化的定位》（The Location of Culture），伦敦，1994年，第4页。
[27] 同上。
[28] 同上书，第5页。
[29] 海德格尔：《演讲与论文集》（Vorträge und Aufsätze），普富林根，1954年，第153页。
[30] 海德格尔：《路标》（Wegmarken），法兰克福，1967年，第55页。
[31] 约翰·凯奇（John Cage）用马戏团（还有竞技场、广场、宽阔的十字路口等）来说明缺乏内在性、中心性和主观性的友善并存以及异质声音的同时性。马戏团（circus）与聚焦（focus）相对，后者表示集聚和内在化。
[32] 恰恰是这种展现"同一由差异传达"的思维形象才是辩证的。霍米·巴巴本可以援引海德格尔那部著名的《同一与差异》（Identität und Differenz）。该论著中，海德格尔把黑格尔等人视为同一性与差异性辩证法的先驱："……由莱布尼茨和康德酝酿并由费希特、谢林和黑格尔发展，直到思辨唯心主义哲学的出现，同一性才在自身的复合本质中找到了归宿。……自思辨唯心主义时代起，把同一性的统一表征为纯粹的单一，以及无视统一中居于主导地位的中介的思想，一直遭到反对。若非如此，同一性就只能被抽象地表征出来。"（海德格尔：《同一与差异》，普富林根，1986年，第11页以下。）同一性和差异性的辩证法针对的正是这种抽象的思维。
[33] 霍米·巴巴：《文化的定位》，第114页。
[34] 人们也用"克里奥尔化"（Kreolisierung）来说明文化混合的

过程："克里奥尔化也越来越多地允许边缘地区表达自己。由于中心和边缘的文化之间建立起了更强的亲和性，且后者越来越多地使用与前者相同的技术，边缘地区的一些新的文化产品在全球市场上变得越来越有吸引力。经过克里奥尔化的第三世界音乐变成了世界音乐；作为第三世界社会之部分延伸的纽约、伦敦、巴黎等国际城市，也在边缘地区（和半边缘地区）之间发挥着文化枢纽的作用，而不再仅仅是文化源头。"（乌尔夫·汉纳兹 [Ulf Hannerz]：《文化的复杂性：意义的社会组织研究》[*Cultural Complexity. Studies in the Social Organization of Meaning*]，纽约，1992 年，第 265 页。）值得注意的是，克里奥尔化仍然与殖民主义有关。

[35] 席勒（Friedrich Schiller）：《审美教育书简》（Über *die ästhetische Erziehung des Menschen*），见本诺·维泽（Benno Wiese）编《哲学文集》（国家版），第 20 卷，魏玛，1962 年，第 410 页。

[36] 霍米·巴巴：《文化的定位》，第 25 页。

[37] 德勒兹、迦塔利（G. Deleuze/F. Guattari）：《千高原》（*Tausend Plateaus*），柏林，1992 年，第 16 页。

[38] 同上书，第 20 页。

[39] 同上书，第 27 页。

[40] 同上书，第 36 页。

[41] 同上书，第 42 页。

[42] 同上书，第 41 页。

[43] 连字符（Hyphen，希腊—拉丁文，意为"合而为一"）：（1）在古语法中，将两个词合并为一个复合名词。（2）用于复合名词的连字符。

[44] 海德格尔的连字符不是将字符连接或相加在一起,而是用以进行分析或诠释,它们组成的不是复合词。相反,连字符将一个词分解成它所包含的意义要素(如 ver-rückt 或者 be-stimmen),从而展现词的源始意义。在这种情况下,海德格尔关于"在—世界—之中—存在"的这句话就显得很有意思:"从在—世界—之中—存在这一复合表达的用法上就能看出,它指的是一种统一的现象。"(海德格尔:《存在与时间》,第 53 页。)

[45] 尼采:《人性的,太人性的(第一、二卷)》(*Menschliches, Allzumenschliches*, I u. II),见柯利、蒙蒂纳里(G. Colli 和 M. Montinari)编《尼采全集》(考订研究版),慕尼黑/柏林/纽约,1980 年,第 2 卷,第 44 页。

[46] 尼采:《遗稿,1875—1879》(*Nachgelassene Fragmente, 1875—1879*),考订研究版,第 8 卷,第 306 页。就"未来哲学",福柯也曾有过相似的表达:"因此,如果未来哲学存在,它一定是在欧洲之外诞生的,或者是欧洲和非欧洲之间的相遇和碰撞的结果。"(见德福特、埃瓦尔德 [D. Defert u. F. Ewald] 编《言论与论文集》[*Dits et écrits*],第 3 卷,巴黎,1994 年,第 622、623 页。)

[47] 本雅明:《机械复制时代的艺术作品》(*Das Kunstwerk im Zeitalter seiner technischen Reproduzierbarkeit*),见蒂德曼、施韦彭霍伊泽(R. Tiedemann u. H. Schweppenhäuser)编《本雅明著作集》,第 1 卷,法兰克福,1974 年,第 475 页。

[48] 海德格尔:《在通向语言的途中》(*Unterwegs zur Sprache*),普富林根,1959 年,第 37 页。

[49] "忧郁"诗人里尔克曾经问自己:"我们面前所拥有的,所被感知、解析和诠释的,是否都是表面的","而我们所说的精神、灵魂和爱,不都是近在咫尺的脸这一小小表面上悄然发生的变化吗?"参阅里尔克:《罗丹传》(*Auguste Rodin*),见里尔克档案馆编《里尔克全集》,第5卷,法兰克福,1965年,第135~280页。此处:第212页。

[50] 本雅明:《机械复制时代的艺术作品》,第479页。

[51] 参阅翁贝托·艾柯(Umberto Eco):《论上帝与世界:论文与评论》(*Über Gott und die Welt. Essays und Glossen*),慕尼黑,1985年,第57页以下。

[52] 齐格蒙特·鲍曼(Zygmunt Bauman):《漫游者、游戏者和观光者:后现代生活形式文集》(*Flaneur, Spieler und Touristen, Essays zu postmodernen Lebensformen*),汉堡,1997年,第136页。

[53] 同上书,第140页。

[54] 同上书,第142页。

[55] 同上书,第143页。

[56] 海德格尔写道:"他们误入歧途,却并未迷失。"(《从思想的经验而来》[*Aus der Erfahrung des Denkens*],见《海德格尔全集》,第13卷,第91页。)

[57] 同上书,第222页。

[58] 同上书,第223页。

[59] 齐格蒙特·鲍曼:《漫游者、游戏者和观光者》,第159页。

[60] 尼尔森:《文学机器》,第1/14页。

[61] 同上。

[62] 同上书，第 1/15 页。
[63] 参阅同上："这是数学方法，如果链接类型不同，则称其为'有色'。"
[64] 同上书，第 1/18 页。
[65] 同上书，第 0/3 页。
[66] 同上书，第 1/16 页。
[67] 同上书，第 2/34 页。
[68] 我们可以从杂交性角度重新阅读卡夫卡。甚至，主角格雷戈尔·萨姆沙也变成了介于人与动物之间的杂交形象。卡夫卡的叙述形式本身也是杂交性的。
[69] 关于专有名词奥德拉岱克（Odradek）的解释，参阅韩炳哲：《死亡模式——对死亡的哲学研究》(*Todesarten. Philosophische Untersuchungen zum Tod*)，1998 年，第 167~171 页。
[70] 中文、日文或韩文中的"文化"一词（中文：wenhua，日文：bun-ka，韩文：mun-wha）是对欧洲文化概念的翻译。19 世纪末，欧洲的文化概念可能已被日本人采用和翻译，同时也参考了中国的资料。第一个字"文"是指样式、线条、字符、文字或文学。第二个字"化"意味着转变、变化或变异。现代术语"化学"也包含"化"这个字符。
[71] 参阅乌尔里希·贝克：《什么是全球化》(*Was ist Globalisierung?*)，法兰克福，1997 年，第 127 页以下。
[72] 霍斯特·莱曼（Horst Reimann）编：《跨文化交际与世界社会——论全球互动的理论和实效》(*Transkulturelle Kommunikation und Weltgesellschaft. Zur Theorie und Pragmatik globaler Interaktion*)，奥普拉登，1992 年，第 14 页。参阅同上："相

反，根据某些认同标准可以相互区分的两个或多个文化单元之间的跨文化交流，从定义上看总是跨界的。但是，它更倾向于关注相互间的交流（文化间对话）。"

[73] 沃尔夫冈·威尔什（Wolfgang Welsch）：《跨文化性：当今文化之变迁》（"Transkulturalität—die veränderte Verfassung heutiger Kulturen"），见魏玛古典基金会编《视角：统一性中的多样性》（*Sichtweisen. Die Vielheit in der Einheit*），魏玛，1994年，第83~122页。此处：第84页。威尔什用"漫游"或"越境者"等形象来描述跨文化性的特点。参阅同上，第99、117页。

[74] 同上书，第92页。

[75] 康德：《永久和平论》（*Zum ewigen Frieden*），见普鲁士皇家科学院编《康德著作集》（科学院版）第8卷《1781年后的论文》（*Abhandlungen nach 1781*），第341~386页。此处：第348页。

[76] 参阅上书，第357页以下。

[77] 同上书，第360页。

[78] 同上书，第367页。

[79] 同上。

[80] 贸易精神不一定会导致去国家化。它与民族主义完全兼容。尼采也曾写道："在其他一切都指向各国融合的时候，现在要求各国彼此封闭的动机是什么？我相信王朝利益和商业利益是相辅相成的。"（尼采：《遗著，1875—1879》，批判研究版，第8卷，第90页。）

[81] 康德：《判断力批判》（*Kritik der Urteilskraft*），科学院版，

第 5 卷，第 263 页。

[82] 尼采：《人性的，太人性的》，第 309 页。

[83] 尼采：《快乐的科学》(*Die fröhliche Wissenschaft*)，批判研究版，第 3 卷，第 630 页。

[84] 尼采：《遗著，1887—1889》(*Nachgelassene Fragmente, 1887—1889*)，批判研究版，第 13 卷，第 93 页。

[85] 尼采：《遗著，1880—1882》(*Nachgelassene Fragmente, 1880—1882*)，批判研究版，第 9 卷，第 90 页。"多种族的交杂"也削弱了意志力："怀疑论——是关于种族大规模交杂情况下怀疑为何必然产生的某种生理性状的表达：很多继承而来的价值观念相互争斗，干扰彼此的成长。这里，失去最多的力量是意志……"（尼采：《遗著，1884—1885》(*Nachgelassene Fragmente, 1884—1885*)，批判研究版，第 11 卷，第 441 页。）意志既不受某种价值观的约束，也不受价值观恒定性或连续性的约束。相反，它可以发生转化。不同观点的密集并置不必然引发怀疑，且为自由的特殊实践创造了空间，防止了制造大量冲突和暴力的价值的绝对化或普遍化。超文化的基本特征之一是去实事化，这使得超越继承而来的可能性或价值观进行自我筹划成为可能。这种去实事化会带来更多的自由和活力。去实事化也指去自然化。超文化并置所展现出来的不同观点或价值观，不受"种族""土地"或"居处"的束缚。

[86] 理查德·罗蒂（Richard Rorty）：《偶然、反讽与团结》(*Kontingenz, Ironie und Solidarität*)，法兰克福，1989 年，第 127 页。

[87] 同上书，第 128 页。

[88] 同上书，第138页。

[89] 同上书，第156页。

[90] 同上书，第157页。

[91] 同上书，第159页。

[92] 汉斯—格奥尔格·伽达默尔（Hans-Georg Gadamer）：《真理与方法：哲学解释学的基本特征》(*Wahrheit und Methode. Grundzüge einer philosophischen Hermeneutik*)，图宾根，1960年，第13页。

[93] 同上书，第37页。

[94] 黑格尔：《哲学科学全书纲要（第三部分）》(*Enzyklopädie der philosophischen Wissenschaften* III)，见莫尔登豪尔、迈克尔编《黑格尔著作集》（共20卷），第10卷，第416页。

[95] 英文browse的意思是放牧、吃草，或浏览书籍。

[96] 尼采：《人性的，太人性的》，第362、363页。

[97] 同上。

[98] 对海德格尔来说，"文化"（注意：文化是个外来词）本身就具有负面的含义。即使是"文化"一词的传播，例如以"文化哲学"的形式传播，也会是一种初露端倪的衰败迹象。正如《存在与时间》中所说的那样："理解最陌生的文化并将这些文化与自己的文化合成"会导致"异化，在这种异化中，它（即此在）自身的存在能力会被掩盖起来。"（《存在与时间》，第178页。）去除此在实事性的超文化导致了全面异化。海德格尔的此在本体论也可以被解释为使哲学本身再实事化的尝试，即反对那种"没有骨髓、骨头和血液"（原文如此），只能"勉强维持一种文学性此在"的思维。（参阅马

丁·海德格尔:《形而上学的基本概念：世界—有限性—孤独性》[*Die Grundbegriffe der Metaphysik. Welt-Endlichkeit-Einsamkeit*]，完全版，第29/30卷，法兰克福，1983年，第16、121页。）

[99] 海德格尔:《泰然任之》(*Gelassenheit*)，普富林根，1985年，第15页。

[100] 海德格尔:《从思想的经验而来》，第10页。

[101] 海德格尔:《演讲和论文集》，普富林根，1954年，第181页。

[102] 海德格尔的世界也是一个西方世界，因为其中没有昆虫出现。没有哪种文化像西方文化那样对昆虫充满敌意。例如，日本的俳句（每首俳句自身都是在反映世界）满纸昆虫。与海德格尔不同，伊萨（Issa）会希望把很多昆虫纳入自己的物的集合。伊萨的一首俳句这样写道:"小蜘蛛离家，去往广袤的世界，每一个都去追寻自己的幸福。"(《13个世纪以来的日本四季歌、短歌和俳句》(*Japanische Jahreszeiten, Tanka und Haiku aus dreizehn Jahrhunderten*)，库登霍夫译，苏黎世，1994年，第206页。）

[103] 物的这种名称上的单音节性也与海德格尔笔下的农民的单音节性相呼应:"夜间工作之余，我同农民坐在炉边长凳上，或坐在祈祷角的桌旁，我们通常根本不说话，而是默默地抽着烟斗。偶尔可能会有人说起森林里的伐木工作结束了。……我对黑森林及其人民所做的研究，其内在的归属感源于几个世纪以来不可替代的阿勒曼·施瓦本人的质朴。"(《从思想的经验而来》，第10页以下。）对海德格尔来说，超文化会是最终的结局，是质朴生活的全面去实事化。此外，超文化

的词汇十分丰富。

[104] 参阅本雅明:《1900年前后柏林的童年》(*Berliner Kindheit um neunzehnhundert*),法兰克福,1987年,第22页。

[105] 海德格尔:《路标》,第191页。

[106] 海德格尔:《根据律》(*Der Satz vom Grund*),普富林根,1978年,第108、109页。

[107] 弗卢塞尔:《关于时间的思考》,第127页。

[108] 参见海德格尔:《荷尔德林的赞美诗〈伊斯特河〉》(*Hölderlins Hymne "Der Ister"*):"本有的据为己有只是一种与外物进行的探讨和好客的对话。'在居处存在'(Ortschaftsein),即在家的本质所在,是去往本己无法触手可及、须经游历方可到达之处的漫游。"(完全版,第53卷,法兰克福,1984年,第177页。)

[109] 海德格尔:《在通向语言的途中》,第26、27页。

[110] 众所周知,在海德格尔后期,人被称为"有死者"。由此,死亡被宣告并神化为积极的事情。然而,对被抛入死亡的克服却属于一种去实事化行为。

[111] 汉德克(Peter Handke):《重温之想象》(*Phantasien der Wiederholung*),法兰克福,1983年,第13页。

附录　韩炳哲著作年谱

Heideggers Herz. Zum Begriff der Stimmung bei Martin Heidegger.
Wilhelm Fink, Paderborn 1996.
《海德格尔之心：论马丁·海德格尔的情绪概念》

Todesarten. Philosophische Untersuchungen zum Tod.
Wilhelm Fink, Paderborn 1998.
《死亡模式：对死亡的哲学研究》

Martin Heidegger. Eine Einführung.
UTB, Stuttgart 1999.
《马丁·海德格尔导论》

Tod und Alterität.
Wilhelm Fink, Paderborn 2002.
《死亡与衰老》

Philosophie des Zen-Buddhismus.

Reclam, Stuttgart 2002.

《禅宗哲学》（陈曦译，中信出版社，2023 年，即将出版）

Hyperkulturalität. Kultur und Globalisierung.

Merve, Berlin 2005.

《超文化：文化与全球化》（关玉红译，中信出版社，2023 年）

Was ist Macht?

Reclam, Stuttgart 2005.

《什么是权力》（王一力译，中信出版社，2023 年，即将出版）

Hegel und die Macht. Ein Versuch über die Freundlichkeit.

Wilhelm Fink, Paderborn 2005.

《黑格尔与国家权力：通过友善的尝试》

Abwesen. Zur Kultur und Philosophie des Fernen Ostens.

Merve, Berlin 2008.

《不在场：东亚文化与哲学》（吴琼译，中信出版社，2023 年，即将出版）

Duft der Zeit. Ein philosophischer Essay zur Kunst des Verweilens.

Transkript, Bielefeld 2009.

《时间的香气：逗留的艺术》（吴琼译，中信出版社，2023 年，即将出版）

Müdigkeitsgesellschaft.

Matthes & Seitz, Berlin 2010.

《倦怠社会》（王一力译，中信出版社，2019 年）

Shanzhai. Dekonstruktion auf Chinesisch.
Merve, Berlin 2011.
《山寨：中国式解构》（程巍译，中信出版社，2023 年）

Topologie der Gewalt.
Matthes & Seitz, Berlin 2011.
《暴力拓扑学》（安尼、马琰译，中信出版社，2019 年）

Transparenzgesellschaft.
Matthes & Seitz, Berlin 2012.
《透明社会》（吴琼译，中信出版社，2019 年）

Bitte Augen schließen. Auf der Suche nach einer anderen Zeit.
Matthes & Seitz, Berlin 2013.
《请闭上眼睛：寻找另一个时代》

Im Schwarm. Ansichten des Digitalen.
Matthes & Seitz, Berlin 2013.
《在群中：数字景观》（程巍译，中信出版社，2019 年）

Digitale Rationalität und das Ende des kommunikativen Handelns.
Matthes & Seitz, Berlin 2013.
《数字理性和交往行为的终结》

Psychopolitik: Neoliberalismus und die neuen Machttechniken.
S. Fischer, Frankfurt 2014.
《精神政治学：新自由主义与新权力技术》（关玉红译，中信出版社，2019 年）

Die Errettung des Schönen.
S. Fischer, Frankfurt 2015.
《美的救赎》(关玉红译,中信出版社,2019年)

Agonie des Eros.
Matthes & Seitz, Berlin 2016.
《爱欲之死》(宋娀译,中信出版社,2019年)

Die Austreibung des Anderen:
Gesellschaft, Wahrnehmung und Kommunikation heute.
S. Fischer, Berlin 2016.
《他者的消失:现代社会、感知与交际》(吴琼译,中信出版社,2019年)

Close-Up in Unschärfe. Bericht über einige Glückserfahrungen.
Merve, Berlin 2016.
《模糊中的特写:幸福经验报告》

Gute Unterhaltung.
Eine Dekonstruktion der abendländischen Passionsgeschichte.
Matthes & Seitz, Berlin 2017.
《娱乐何为:西方受难史之解构》(关玉红译,中信出版社,2019年)

Lob der Erde. Eine Reise in den Garten.
Ullstein, Berlin 2018.
《大地颂歌:园艺之旅》(关玉红译,中信出版社,2023年,即将出版)

Vom Verschwinden der Rituale. Eine Topologie der Gegenwart.
Ullstein, Berlin 2019.
《仪式的消失：当下的世界》（安尼译，中信出版社，2023年，即将出版）

Kapitalismus und Todestrieb. Essays und Gespräche.
Matthes & Seitz, Berlin 2019.
《资本主义与死亡驱力》（李明瑶译，中信出版社，2023年，即将出版）

Palliativgesellschaft. Schmerz heute.
Matthes & Seitz, Berlin 2020.
《妥协社会：今日之痛》（吴琼译，中信出版社，2023年）

Undinge: Umbrüche der Lebenswelt.
Ullstein, Berlin 2021.
《非实体：生活世界的巨变》

Infokratie. Digitalisierung und die Krise der Demokratie
Matthes & Seitz, Berlin 2021.
《信息统治：数字化与民主危机》

Vita contemplativa: oder von der Untätigkeit.
Ullstein, Berlin 2022.
《沉思的生活，或无所事事》（陈曦译，中信出版社，2023年，即将出版）